Wer glaubt, ist nie allein

IC
XC

Joseph Ratzinger
Benedikt XVI.

Wer glaubt, ist nie allein

Worte der Ermutigung

Herausgegeben
von Burkhard Menke

HERDER

FREIBURG · BASEL · WIEN

INHALT

Frontispiz
Christus, die Mitte der Geschichte
Kuppelmosaik, um 1320; Istanbul, Chora-Kloster

VORWORT

Am 19. April 2005 trat Joseph Ratzinger als Papst Benedikt XVI. auf die Loggia des Petersdoms in Rom: ein Theologe von Weltrang, umfassend gebildet, vielsprachig, weitgereist, mit akademischen Ehrungen überhäuft, von Amts wegen und aus Überzeugung auf die Klarheit der Lehre bedacht.

Fast will es scheinen, als dürften beim Papst nun zudem jene Saiten kraftvoller erklingen, die es auch beim Kardinal und früher schon gab, die aber nicht im gleichen Maß wahrnehmbar waren: Gesten der Nähe, ein Herz für Menschliches, hintergründiger Humor. Weniger bekannt waren bisher auch seine musikalische Begabung und der Sinn für alles Künstlerische. Benedikt XVI. ist ein geistlicher Mensch, der als Kardinal bisweilen eher auf prestigeträchtige Veranstaltungen verzichtete als auf sein regelmäßiges Gebet.

Michelangelo (1475–1564): Der Auferstandene
Vatikan, Sixtinische Kapelle

In den Schriften Joseph Ratzingers findet man etwas von all dem: den Wissenschaftler, den Seelsorger, den Kunstkenner, den Intellektuellen, vertraut mit den Kirchenvätern, mit der Bibel, mit den Fragen der Zeit; man entdeckt vor allem den Gläubigen, der Bischof ist für die Menschen und Christ mit ihnen.

Joseph Ratzinger entfaltet Gedanken sukzessive, beständig fortschreitend, eins ums andere hineinnehmend und ausbauend. Gern deutet er Symbole, Zeichen und Gesten aus. Aus solchen inhalts- und bilderreichen Gedankengängen einzelne Sätze herauszunehmen, ist selbst da, wo es möglich ist, nicht leicht.

Dennoch gibt es nun dieses kleine Lesebuch, gewissermaßen eine Ährenlese aus verschiedenen Werken. Es kann durchaus mit dem Denken des neuen Papstes vertraut machen. Denn auch in den einzelnen, aus dem Zusammenhang gelösten Sätzen ist immer noch das Wasserzeichen Ratzinger'scher Theologie erkennbar. Das heißt, letztlich deutet jede Aussage die eine große Gewissheit aus: Christus ist der Weg, die

Wahrheit und das Leben. Er ist die Mitte. Er ist die Mitte des Glaubens, der Hoffnung und der Liebe; er ist Mitte und Sinn der Geschichte, Mitte von Vergangenheit, Gegenwart und Zukunft, von Göttlichem und Menschlichem, von Zeit und Ewigkeit; Christus ist die Mitte der Schrift, die Mitte der Kirche, Mitte unseres Suchens und Mitte unseres Findens. Was wir sind, sind wir durch Christus; er ist das Wort des Schöpfers und die Antwort der Schöpfung, in die wir einstimmen können, weil er uns erlöst und den Tod überwunden hat. Erst wenn die Dinge auf Christus hingeordnet sind, sind sie in Ordnung. Alles muss sich daran messen lassen.

Das Leben in dieser Gewissheit führt in eine tiefe Gemeinschaft mit Christus und mit allen anderen, die ebenfalls glauben, mit denen, die in allen Zeiten geglaubt haben, und mit denen, die nach uns glauben werden – oder wie es Benedikt XVI. in der Predigt zur Amtseinführung sagte: „Wer glaubt, ist nie allein – im Leben nicht und auch im Sterben nicht."

Der Herausgeber

LEBEN

Das Geschenk des Schöpfers

ALLES WESENTLICHE in unserem Leben ist uns geschenkt worden, ohne unser Zutun. Dass ich lebe, habe ich nicht von mir; dass Menschen da waren, die mich ins Leben hineingeführt haben, die mich Liebe erfahren ließen, mir den Glauben schenkten und den Blick auf Gott hin eröffneten – das alles ist Gnade. Wir könnten nichts tun, nichts machen, wenn wir nicht zuvor beschenkt wären. *(ACS 129)*

DAS LEBEN ist nicht der Warteraum zum Nichts, sondern der Anfang der Ewigkeit. *(SD 56)*

DAS MORALISCHE KOMMT allmählich wieder zu Ehren. Es wird erkannt, ja, es ist evident geworden, dass aller technische Fortschritt fragwürdig und schließlich zerstörerisch ist, wenn ihm

Franz von Assisi verkündet den Vögeln das Evangelium
Glasfenster, Anf. 14. Jh.; Königsfelden (Schweiz)

nicht ein moralischer Aufstieg entspricht. Es wird erkannt, dass es Reform des Menschen und der Menschheit ohne moralische Erneuerung nicht gibt. *(GG 144)*

DER DEKALOG IST ZUGLEICH Selbstvorstellung, Selbstdarstellung Gottes und Auslegung des Menschseins, Aufscheinen seiner Wahrheit, die im Spiegel des Gotteswesens sichtbar wird, weil nur von Gott her der Mensch recht zu verstehen ist. Den Dekalog leben heißt: die eigene Gottähnlichkeit leben, der Wahrheit unseres Wesens antworten und so das Gute tun ... Den Dekalog leben bedeutet, die Göttlichkeit des Menschen zu leben, und das eben ist Freiheit: Verschmelzung unseres Seins mit dem göttlichen Sein und der daraus folgende Einklang aller mit allen. *(GWT 205)*

DER HEILIGE GEIST, der über die Apostel kam, ist derselbe Geist, der die Welt gebildet hat. Die Probleme unserer Zeit beruhen zu einem guten Teil darauf, dass wir die Welt nur noch als Materie und die Materie nur noch als Material für unsere Produktionen angesehen haben. Dass eine Welt unwohnlich wird, die nur noch Material ist, braucht uns nicht zu wundern. Dabei haben uns doch die Naturwissenschaften in einer vorher kaum zu ahnenden Weise gelehrt, wie sehr die Materie Geist ist – eine subtile Mathematik, vor deren Großartigkeit unser eigener Geist nur staunend stehen kann. So hat uns gerade die Wissenschaft die wundervolle Logik des Schöpfergeistes fast greifbar werden lassen. *(SD 74)*

DER MENSCH IST ZUM HEIL GERUFEN, jeder. Er ist gewollt und geliebt von Gott, und seine höchste Aufgabe ist es, dieser Liebe zu entsprechen. Er darf nicht hassen, was Gott liebt. Er darf nicht zerstören, was zur Ewigkeit bestimmt ist. Gerufensein zur Liebe Gottes ist ein Berufensein zum Glück. *(ACS 109f.)*

DER SCHÖPFER UND DER ERLÖSER ist ein und derselbe Gott. In der Erlösung nimmt er die

Schöpfung nicht zurück, sondern heilt und erhöht sie. *(ACS 100)*

Die christliche Alternative zum Nirwana ist die Trinität, jene letzte Einheit, in der das Gegenüber von Ich und Du nicht zurückgenommen ist, sondern im Heiligen Geist sich ineinanderfügt. In Gott gibt es Personen, und gerade so ist er Verwirklichung letzter Einheit. Gott hat die Person nicht geschaffen, damit sie aufgelöst werde, sondern damit sie sich öffne in ihre ganze Höhe und in ihre äußerste Tiefe – dorthin, wo der Heilige Geist sie umfängt und die Einheit der getrennten Personen ist. *(BH 80)*

Die christlichen Feste sind mehr als Freizeit und darum so unentbehrlich: In ihnen begegnen wir, wenn wir die Augen auftun, dem Ganz-Anderen, den Wurzeln unserer Geschichte, den Urerfahrungen der Menschheit und durch sie hindurch der ewigen Liebe, die das wahre Fest des Menschen ist. *(SD 73)*

Die Grösse eines Menschen hängt am Maß seiner Teilhabefähigkeit; nur im Kleinwerden, im Sich-Beteiligen am Ganzen, wird er groß. *(BH 84)*

„Du sollst ein Segen sein“, hatte am Anfang der Heilsgeschichte Gott zu Abraham gesagt (Gen 12,2). Im Abrahamssohn Christus ist dieses Wort ganz erfüllt. Er ist ein Segen, und er ist Segen für die ganze Schöpfung wie für alle Menschen. So musste von selber das Kreuz, das sein Zeichen ist im Himmel und auf Erden, zur eigentlichen Segensgebärde der Christen werden. Wir zeichnen das Kreuz über uns selbst und treten so in die Segensmacht Jesu Christi hinein; wir zeichnen es über Menschen, denen wir Segen wünschen; wir zeichnen es auch über Dinge, die uns im Leben begleiten und die wir gleichsam aus der Hand Jesu Christi neu empfangen wollen. Durch das Kreuz können wir füreinander zu Segnenden werden. *(GL 158)*

Es ist gut, zu leben, auch wenn ich es nicht immer merke. Ich bin gewollt; nicht ein Kind des Zufalls und der Notwendigkeit, sondern des Willens und der Freiheit. Daher werde ich auch gebraucht, es gibt einen Sinn für mich, eine Aufgabe, die nur gerade mir zugedacht ist; es gibt eine Idee von mir, die ich suchen und finden und erfüllen kann. *(VU 74)*

„Exerzitien" sind Einübung ins Christsein, Üben der Existenz im Glauben ... Weil aber Christsein nicht irgendeine Spezialkunst neben anderen meint, sondern einfach das rechtgelebte Menschsein selbst, könnten wir auch sagen: Wir wollen die Kunst des richtigen Lebens „üben" – wir wollen die Kunst der Künste, das Menschsein, besser erlernen. *(ACS 11)*

Hektik jeder Art, auch religiöse Hektik, ist dem Menschenbild des Neuen Testaments durchaus fremd. Immer wenn wir glauben, ganz unentbehrlich zu sein; immer wenn wir meinen, die Welt oder die Kirche hänge von unserem rastlosen Tun ab, überschätzen wir uns. Es wird oft ein Akt der richtigen Demut und der geschöpflichen Redlichkeit sein, aufhören zu können; unsere Grenze anzuerkennen; uns den Freiraum des Ausatmens und der Ruhe zu nehmen, wie es dem Geschöpf Mensch zugedacht ist. *(SD 103)*

In der alttestamentlichen Frömmigkeit finden wir eine doppelte Gliederung der Zeit: zum einen durch den Wochenrhythmus, der auf den Sabbat zugeht, zum anderen durch die Feste, die teils von der Schöpfungsthematik – Saat und Ernte, dazu Feste nomadischer Tradition – bestimmt sind, teils vom Gedenken an Gottes geschichtliches Handeln; häufig verbinden sich diese beiden Ursprünge miteinander. Diese Grundgestalt gilt im Christentum weiter, das gerade auch in der Ordnung der Zeit in einer tiefen inneren Kontinuität mit dem jüdischen Erbe steht, in dem wiederum das Erbe der Weltreligionen aufgenommen und dem einen Gott zugeeignet, von ihm her gereinigt und erleuchtet ist. *(GL 82)*

Nur wenn das Verhältnis zu Gott recht ist, können auch alle übrigen Verhältnisse des Menschen – die Beziehungen der Menschen untereinander und der Umgang mit der übrigen Schöpfung – im Lot sein. *(GL 17)*

Offenheit für das Unendliche, den Unendlichen, hat nichts mit Leichtgläubigkeit zu tun; sie verlangt im Gegenteil wachste Selbstkritik. Sie ist offener und kritischer als jene Beschränkung auf das Empirische, in der der Mensch seinen Herrschaftswillen zum letzten Maßstab der Erkenntnis macht. *(ACS 27)*

Recht ist nicht das Hindernis der Freiheit, sondern es konstituiert sie. Die Abwesenheit von Recht ist Abwesenheit von Freiheit. *(GWT 201)*

Rechte menschliche Ordnung ist etwas anderes als die Gitterstäbe, die man vor die Raubtiere setzt, damit sie in Schranken gehalten werden. Sie ist die Achtung vor dem anderen und vor dem Eigenen, das dann am meisten geliebt ist, wenn es in seiner rechten Sinngebung angenommen wird. *(BH 41)*

Sich vor Menschen zu beugen, um ihre Gunst zu erwerben, ist in der Tat unangemessen. Aber sich vor Gott zu beugen, ist nie unmodern, weil es der Wahrheit unseres Seins entspricht. Und wenn der moderne Mensch es verlernt haben sollte, dann ist es umso mehr unsere Aufgabe als Christen in der modernen Welt, es wieder zu erlernen und es auch unsere Mitmenschen zu lehren. *(GL 177)*

Welche Kraft der Verinnerlichung liegt in den Bildern der Muttergottes! Die neue Menschlichkeit des Glaubens tritt in ihnen in Erscheinung. Solche Bilder laden zum Beten ein, weil sie von innen her durchbetet sind. Sie zeigen uns das wahre Bild des Menschen, wie er vom Schöpfer gedacht und durch Christus erneuert ist. Sie führen ins rechte Menschsein hinein. *(GL 110)*

Wenn der Mensch aus den Fugen gerät und sich selbst nicht mehr mag, dann kann die Natur nicht gedeihen. Ganz im Gegenteil: Er muss im Einverständnis mit sich selbst sein; nur dann kann er ins Einverständnis mit der Schöpfung treten und sie mit ihm. Und das wieder kann er nur, wenn er im Einverständnis mit dem Schöpfer ist, der die Natur gewollt hat und uns. Der Respekt vor dem Menschen und der Respekt vor der Natur gehören zusammen, aber beides kann letztlich nur gedeihen und sein Maß finden, wenn wir im Menschen und in der Natur den Schöpfer und seine Schöpfung respektieren. Nur von ihm her lassen sie sich zusammenfügen. *(SD 118f.)*

Wenn nicht mehr von Gott und Mensch, von Sünde und Gnade, von Tod und ewigem Leben gesprochen wird, dann wird alles Geschrei und aller Lärm, den es gibt, nur ein vergeblicher Versuch sein, sich über das Verstummen des eigentlich Menschlichen hinwegzutäuschen. *(GWT 169)*

Wer so in die Welt hineinschaut, mag sich wohl fragen, ob wir eigentlich Zeit haben, an Gott und an die göttlichen Dinge zu denken, oder ob wir nicht lieber alle Kräfte anspannen sollten, um es auf der Erde besser zu machen. Bert Brecht hat seinerzeit aus solcher Gesinnung heraus gedichtet: „Lasst euch nicht verführen, ihr sterbt mit allen Tieren, und es kommt nichts nachher." Den Glauben an das Jenseitige, an die Auferstehung sah er als eine Verführung des Menschen an, die ihn hindert, diese Welt, dieses Leben voll zu ergreifen. Aber wer der Gottähnlichkeit des Menschen seine Tiergleichheit entgegenstellt, der achtet ihn auch bald nur als ein Tier. Und wenn wir – wie ein anderer moderner Dichter sagt – wie die Hunde sterben, dann werden wir sehr bald auch leben wie Hunde und uns behandeln wie die Hunde, oder vielmehr so, wie man keinen Hund behandeln sollte. *(SD 32)*

ERLÖSUNG

Christus hat das Seine und das Unsere getan

ALLE EMPIRISCHEN EREIGNISSE vergehen; sie sind an einen bestimmten Zeitpunkt der ablaufenden Geschichte geknüpft und dann vorüber, auch wenn jedes davon eine mehr oder minder tiefe Spur in der Gestalt der Geschichte zurücklässt. Aber das Ereignis, dass der Tod tot ist, bricht aus dem Ablauf des Stirb und Werde aus. Es ist ein Loch in der Mauer der Vergänglichkeit, das nun offensteht. *(BH 52)*

ALLE ZEIT IST GOTTESZEIT. Das ewige Wort hat in seiner Menschwerdung mit der Annahme der menschlichen Existenz auch die Zeitlichkeit angenommen, die Zeit hinein in den Raum der Ewigkeit gezogen. Christus ist

Christus als der gute Hirte
Frühchristliches Deckengemälde, Anf. 3. Jh.; Rom, St.-Callixtus-Katakombe

selbst die Brücke zwischen Zeit und Ewigkeit ... nun hat der Ewige selbst Zeit an sich gezogen; im Sohn koexisitiert die Zeit mit der Ewigkeit. Gottes Ewigkeit ist nicht einfach Zeitlosigkeit, Negation von Zeit, sondern Zeitmächtigkeit, die sich als Mitsein und Insein in der Zeit verwirklicht. Im Menschgewordenen, der immer Mensch bleibt, wird dieses Mitsein leibhaftig und konkret. *(GL 80)*

AUCH „NACH AUSCHWITZ", nach den tragischsten Katastrophen der Geschichte, bleibt Gott Gott; bleibt er gut mit einer unzerstörbaren Güte. Er bleibt der Erlöser, in dessen Händen das zerstörerische und grausame Tun des Menschen umgewandelt wird durch seine Liebe. Der Mensch ist nicht der einzige Akteur der Geschichte, und darum hat der Tod nicht das letzte Wort in ihr. Die Tatsache, dass es den anderen Handelnden gibt, sie allein ist der feste und sichere Anker einer Hoffnung, die stärker und wirklicher ist als alle Furchtbarkeiten der Welt. *(ACS 66)*

AUFERSTEHUNG bedeutet, dass Gott Macht in der Geschichte behalten, dass er sie nicht an die Naturgesetze abgetreten hat. Sie bedeutet, dass er nicht ohnmächtig geworden ist in der Welt der Materie und des materiebestimmten Lebens. Sie bedeutet, dass das Gesetz aller Gesetze, das universale Gesetz des Todes, dennoch nicht die letzte Macht der Welt und ihr letztes Wort ist. Der Letzte ist und bleibt der, der auch der Erste ist. *(NLH 88)*

CHRISTUS IST AUFERSTANDEN! Ja, es gibt die Gerechtigkeit für die Welt! Es gibt die ganze Gerechtigkeit für alle, die imstande ist, auch das unwiderruflich Vergangene zu widerrufen, weil es Gott gibt und weil er die Macht dazu hat. Gott kann zwar nicht leiden, aber mitleiden, hat der heilige Bernhard von Clairvaux einmal formuliert. Er kann mitleiden, weil er lieben kann. Diese Macht des Mitleidens aus der Macht der Liebe heraus ist die Macht, die das Unwiderrufliche widerrufen und Gerechtigkeit geben kann. Christus ist auferstanden – das heißt, es gibt die Kraft, die Gerechtigkeit zu schaffen imstande ist und sie erschafft. *(SD 33)*

Christus zählt für uns nicht nur durch sein Werk, durch das, was er getan hat, sondern vor allem durch das, was er war und was er ist – in der Ganzheit seiner Person. Er zählt für uns anders als jeder andere Mensch, weil er nicht bloß Mensch ist. Er zählt, weil in ihm Erde und Himmel sich berühren und so in ihm Gott für uns als Mensch berührbar ist. *(BH 29)*

Das Ganze wird gerettet. Gott lässt nicht einen Teil seiner Schöpfung lautlos im Gewesenen versinken. Er hat alles geschaffen, damit es sei, wie das Weisheitsbuch sagt. Er hat alles geschaffen, damit alles eins sei und ihm zugehöre, damit gelte: Gott alles in allem. *(SD 34)*

Das Wahrheitsdunkel ist die eigentliche Not des Menschen. Es verfälscht unser Tun und bringt uns gegeneinander auf, weil wir mit uns selbst im Unreinen, uns selbst entfremdet sind, abgeschnitten vom Grund unseres Wesens, von Gott. Wenn Wahrheit sich schenkt, bedeutet dies Herausführung aus den Entfremdungen und damit aus dem Trennenden ... *(GWT 55)*

Der christliche Glaube weiß, wenn er wach und unbestechlich ist, sehr wohl darum, dass in seinen einzelnen kulturellen Ausprägungen viel Menschliches am Werk ist, vieles, das der Reinigung und der Öffnung bedarf. Aber er ist auch gewiss, dass er in seinem Kern das Sich-Zeigen der Wahrheit selbst und darum Erlösung ist. *(GWT 55)*

Der Herr ist uns zuvorgekommen, er hat all das Unsere schon getan, er hat den Weg geöffnet, den wir nicht auftun konnten, weil unsere Kraft nicht reichte, die Brücke zu Gott hinüber zu bauen. Er ist sie selber geworden. Und nun geht es darum, dass wir uns in dieses „Sein für“ aufnehmen lassen, dass wir uns umfangen lassen von seinen geöffneten Armen, die uns hinaufziehen. *(GL 52)*

DIE EINZIGARTIGKEIT der eucharistischen Liturgie besteht ... darin, dass Gott selbst handelt und dass wir in dieses Handeln Gottes hineingezogen werden. Alles andere ist demgegenüber sekundär. *(GL 150)*

DIE GESCHENKE JESU CHRISTI sind nicht pure Zukunft, sondern sie reichen in die Gegenwart herein. Er ist jetzt schon im Verborgenen da: Er spricht mich auf vielerlei Weise an – durch die Heilige Schrift, durch das Kirchenjahr, durch die Heiligen, durch mancherlei Geschehnisse des Alltags, durch die ganze Schöpfung, die anders aussieht, wenn Er dahintersteht, als wenn sie von dem Nebel einer ungewissen Herkunft und einer ungewissen Zukunft verhangen ist. Ich kann ihn ansprechen, ich kann vor ihm klagen, und ich kann ihm meine Leiden, meine Ungeduld, meine Fragen hinhalten in dem Bewusstsein, dass sein Hören immer gegenwärtig ist. *(LL 19)*

Dies ist mit dem Begriff Offenbarung gemeint: Das Nicht-Eigene, im Eigenen nicht Vorkommende, tritt auf mich zu und reißt mich aus mir heraus, über mich hinaus, schafft Neues. Damit ist auch die Geschichtlichkeit des Christlichen gegeben, das auf Ereignissen beruht und nicht auf der Wahrnehmung der Tiefe des eigenen Inneren, die man dann „Erleuchtung" nennt. *(GWT 73)*

Er, der Heilige, heiligt uns mit der Heiligkeit, die wir alle uns selber niemals geben könnten. Wir werden einbezogen in den großen geschichtlichen Prozess, in dem die Welt zugeht auf die Verheißung „Gott alles in allem". *(GL 52)*

ERLÖSUNG braucht den Erlöser: Die Väter haben das im Gleichnis vom verirrten Schaf ausgedrückt gefunden. Dieses Schaf, das im Dornstrauch verfangen ist und den Rückweg nicht mehr weiß, ist für sie ein Bild des Menschen überhaupt, der aus seinem Dorngestrüpp nicht mehr herauskommt und auch den Weg zu Gott nicht mehr selber finden kann. Der Hirt, der es holt und heimträgt, ist für sie der Logos selbst, das ewige Wort, der ewige, im Sohn Gottes wohnende Sinn des Alls, der sich selbst auf den Weg macht zu uns und der nun das Schaf auf die Schultern nimmt, das heißt Menschennatur annimmt und als Gottmensch das Geschöpf Mensch wieder heimträgt. *(GL 28f.)*

GOTT IST IMMER BEI UNS, aber wir sind nicht immer bei ihm, sagt der heilige Augustinus. Erst wenn wir seine Gegenwart annehmen, indem im Gebet unser Sein sich auf ihn hin öffnet, kann Gottes Wirken wirklich handeln an uns und für uns Menschen werden. *(DEF 38)*

Im Kind Jesus ist die Wehrlosigkeit der Liebe Gottes am meisten offenkundig: Gott kommt ohne Waffen, weil er nicht von außen erobern, sondern von innen gewinnen, von innen her umwandeln will. Wenn irgendetwas den Menschen, seine Selbstherrlichkeit, seine Gewalttätigkeit, seine Habgier besiegen kann, dann die Schutzlosigkeit des Kindes. Gott hat sie angenommen, um uns so zu besiegen und zu uns selbst zu führen. *(BH 21)*

In Christus ist das ganze Gesetz erfüllt und damit die Moral wirklicher, erfüllbarer Anspruch an uns geworden. So öffnet sich vom Kern des Glaubens her immer wieder der Weg der Erneuerung für den Einzelnen, für die Kirche als ganze und für die Menschheit. *(GG 146)*

Inkarnation bedeutet gerade auch die Bindung an den Ursprung, seine Einmaligkeit und an seine – menschlich gesprochen – Zufälligkeit. Gerade sie ist uns Gewähr, dass wir nicht Mythen nachgehen, sondern dass Gott wirklich an uns gehandelt hat, unsere Zeit in seine Hände genommen hat, und nur über die Brücke dieses „Einmal" können wir in das „Immer" seiner Erbarmungen hineinkommen. *(GL 90)*

INKARNATION bedeutet zunächst, dass Gott, der Unsichtbare, in den Raum des Sichtbaren eintritt, damit wir, die wir ans Materielle gebunden sind, ihn erkennen können. *(GL 105)*

JA, DAS BILD ADAMS ist gefallen; es liegt im Schmutz und wird noch immer beschmutzt. Aber ... Christus hat das Bild Adams aufgehoben: Ihr seid nicht nur Schmutz; ihr reicht über alle kosmischen Dimensionen bis zum Herzen Gottes hinauf. Christi Himmelfahrt ist die Rehabilitierung des Menschen: Nicht das Geschlagenwerden erniedrigt, sondern das Schlagen; nicht das Bespucktsein erniedrigt, sondern das Bespucken; nicht der Verhöhnte, sondern der Verhöhnende ist geschändet; nicht der Hochmut erhebt den Menschen, sondern die Demut; nicht die Selbstherrlichkeit macht ihn groß, sondern die Gemeinschaft mit Gott, zu der er fähig ist. *(BH 69f.)*

MAN KÖNNTE SAGEN: Die biblische „Mystik" ist nicht Bild-, sondern Wortmystik, ihre Offenbarung nicht Schauung des Menschen, sondern Wort und Tat Gottes. Sie ist nicht primär das Finden einer Wahrheit, sondern geschichtsbildendes Tun Gottes selbst. Ihr Sinn ist nicht der, dass dem Menschen göttliche Wirklichkeit sichtbar wird, sondern ist, den Offenbarungsempfänger zum Träger göttlicher Geschichte zu machen. Denn hier ist im Gegensatz zur Mystik Gott der Handelnde, und er ist es, der dem Menschen das Heil schafft. *(GWT 35)*

NICHT DIE VERVOLLKOMMNUNG des eigenen Ich bewirkt Heiligkeit, sondern die Reinigung des Eigenen durch sein Eingeschmolzenwerden in die allumfassende Liebe Christi: Sie ist die Heiligkeit des Dreieinigen Gottes selbst. *(GG 93)*

NUN ABER, so sagt schon der Glaube des Alten Testaments und erst recht der des Neuen Testaments, hat dieser Gott, der der Natur vorausgeht, sich den Menschen zugewandt. Eben weil er nicht bloß Natur ist, ist er kein schweigender Gott. Er ist in die Geschichte eingetreten, dem Menschen entgegengegangen, und so kann der Mensch nun ihm entgegengehen. Er kann sich Gott verbinden, weil Gott sich dem Menschen verbunden hat. *(GWT 139)*

NUR VOM GOTTESGLAUBEN her kann der Christusglaube der Kirche richtig verstanden werden. Die Einzigkeit Christi ist an die Einzigkeit Gottes gebunden und deren konkrete Gestalt. Christus ist nicht … eine der vielfältigen endlichen Erscheinungsformen des Göttlichen, in denen wir das Unendliche zu erahnen lernen. Er ist nicht eine „Erscheinung“ des Göttlichen, sondern er ist Gott. In ihm hat Gott sein Gesicht gezeigt. Wer ihn sieht, hat den Vater gesehen (Joh 14,9). Hier kommt es wirklich auf das „Ist“ an – es ist die eigentliche Unterscheidungslinie der Religionsgeschichte und gerade so auch die Kraft ihrer Vereinigung. *(GWT 85f.)*

UNWISSENHEIT IST ABHÄNGIGKEIT, ist Sklaverei: Wer nicht weiß, bleibt Knecht. Erst wo sich Verstehen auftut, wo wir anfangen, das Wesentliche zu begreifen, beginnen wir, frei zu werden. Eine Freiheit, aus der die Wahrheit herausgenommen ist, ist Lüge. Christus die Wahrheit, das bedeutet: Gott, der uns aus unwissenden Knechten zu Freunden macht, indem er uns zu Mitwissern seiner selbst werden lässt. *(NLH 36)*

WO GOTTES WILLE geschieht, da ist Himmel, da wird Erde zu Himmel. *(GL 151)*

GLAUBE

Mit Christus unterwegs zum Vater

ALS MASSSTAB DESSEN, was wir rechtens von Gott erbitten dürfen, um gotteswürdig zu beten, sehe ich die Bitten des Vaterunser an: In ihnen wird sichtbar, wer und wie Gott ist und wer wir selber sind. Sie reinigen unser Wollen und zeigen, mit welcher Art von Wollen wir auf dem Weg zu Gott sind und welche Art von Wünschen uns von Gott entfernt, uns gegen ihn stellen würde. *(GWT 89)*

AUCH DIE GEGENWART ... ist nicht zur Sprachlosigkeit im Glauben verurteilt. Wer aufmerksam zusieht, wird wahrnehmen, dass gerade auch in unserer Zeit aus den Inspirationen des Glaubens heraus bedeutende Kunstwerke

Thomas findet zum Glauben
Evangelistar von Groß St. Martin zu Köln (Anf. 13. Jh.)
Brüssel, Bibliothèque Royale

sowohl im Bereich des Bildes wie im Bereich der Musik (und im Bereich der Literatur) entstanden sind und entstehen. Auch heute ist die Freude an Gott und die Berührung mit seiner Gegenwart in der Liturgie eine unerschöpfliche Macht der Inspiration. *(GL 134)*

CHRISTWERDEN ist ein Vereinigtwerden: Die Scherben des zerbrochenen Bildes Adams müssen zusammengefügt werden. Christsein ist nicht Selbstbestätigung, sondern Aufbruch in die große Einheit hinein, die die Menschheit aller Orte und aller Zeiten umfasst. *(BH 81)*

DAS CHRISTENTUM ist ... nicht in Europa entstanden, sondern im vorderen Asien, an dem geographischen Punkt, an dem sich die drei Kontinente Asien, Afrika und Europa berühren. Dies war nie nur eine geographische Berührung, sondern eine Berührung der geistigen Ströme der drei Kontinente. Insofern gehört „Interkulturalität" zur Ursprungsgestalt des Christlichen. *(GWT 70)*

DAS WORT „DOXA“ heißt im Griechischen einerseits Meinung, Schein; es heißt dann aber in der christlichen Sprache so viel wie „wahrer Schein“, das heißt: Herrlichkeit Gottes. Orthodoxie bedeutet demgemäß die rechte Weise, Gott zu verherrlichen, und die rechte Form der Anbetung. In diesem Sinn ist Orthodoxie von innen her „Orthopraxie“; der moderne Gegensatz löst sich im Ursprung von selber auf. Nicht um Theorien über Gott geht es, sondern um den rechten Weg, ihm zu begegnen. *(GL 137)*

DEN GLAUBEN kann man nicht auf später verschieben. *(ACS 133)*

DER CHRISTLICHE GLAUBE ist kein System. Er kann nicht wie ein geschlossenes Denkgebäude dargestellt werden. Er ist ein Weg, und dem Weg ist es eigen, dass er nur durch das Eintreten in ihn, das Gehen darauf erkennbar wird. Dies gilt in einem doppelten Sinn: Jedem Einzelnen erschließt sich das Christliche nicht anders als im Experiment des Mitgehens; in seiner Ganzheit lässt es sich nur erfassen als geschichtlicher Weg ... *(GWT 118)*

Der Radius der „Weggenossenschaft", in die wir mit dem Glauben eintreten, reicht ... über die Grenzen des Todes hinaus. Zu ihr gehören die Heiligen alle, von Abel und Abraham und all den Zeugen der Hoffnung, von denen das Alte Testament uns berichtet, über Maria, die Mutter des Herrn, und seine Apostel ... bis hinauf zu Maximilian Kolbe, zu Edith Stein, zu Pater Pio und Mutter Teresa. Zu ihr gehören all die Unbekannten und Ungenannten, „deren Glauben niemand kannte als Er"; zu ihr gehören die Menschen aller Orte und aller Zeiten, deren Herz sich hoffend und liebend auf Christus hin ausstreckt ... *(GG 148)*

Der zerrissene Vorhang des Tempels ist der zerrissene Vorhang zwischen dem Antlitz Gottes und dieser Welt: Im durchbohrten Herzen des Gekreuzigten ist Gottes Herz selbst offen; sehen wir, wer Gott ist und wie er ist. Der Himmel ist nicht mehr verschlossen – Gott ist aus seiner Verborgenheit hinausgetreten. *(GL 40)*

DER ZEUGE muss zuerst etwas *sein*, bevor er etwas *tut*; er muss Freund Jesu Christi werden, damit er nicht nur Erkenntnis zweiter Hand weitergebe, sondern wirklich Zeuge sei. *(DEF 61)*

DIE ERSTE BOTSCHAFT des Auferstandenen, die er durch die Engel und durch die Frauen den Seinen übermitteln lässt, lautet: Geht mir nach, ich gehe euch voraus! Auferstehungsglauben ist ein Gehen. Auferstehungsglaube kann nicht anders sein als im Nachgehen hinter Christus, in der Nachfolge Christi. *(SD 36)*

DIE GLÄUBIGEN JESU CHRISTI wussten sich vom ersten Augenblick an unter der Pflicht, ihren Glauben an alle Menschen weiterzugeben; sie sahen im Glauben ein Gut, das ihnen nicht allein gehörte, auf das vielmehr alle einen Anspruch hatten. Es wäre Veruntreuung gewesen, das Empfangene nicht in die letzten Winkel der Erde zu tragen. Nicht Machttrieb war der Ausgangspunkt des christlichen Universalismus, sondern die Gewissheit, die rettende Erkenntnis und die erlösende Liebe empfangen zu haben, auf die alle Menschen Anspruch haben und auf die sie im Innersten ihres Wesens warten. *(GWT 46)*

DIE SCHULE DER EUCHARISTIE ist die Schule des rechten Lebens; sie führt uns bei dem in die Lehre, der allein von sich sagen durfte: Ich bin der Weg, die Wahrheit und das Leben (Joh 14,6). *(NLH 223)*

ES IST WICHTIG, Beten nicht nur dann zu pflegen, wenn es uns gerade Freude macht. Wie nichts Großes im Menschenleben ohne Disziplin und Methode zu erreichen ist, so braucht auch das innere Leben beides. *(DEF 77)*

EUCHARISTIE empfangen heißt: … das Ineinandertreten von Person zu Person … Der lebendige Herr schenkt sich mir, tritt in mich ein und lädt mich ein, mich in ihn hineinzugeben, so dass gilt: „Ich lebe, doch nicht mehr ich, sondern Christus lebt in mir" (Gal 2,20). *(GL 77)*

MIT DER VERGANGENEN Geschichte ist Christus in seinen Sakramenten unterwegs durch die Zeiten. Wir sind in die Ereignisse hineingenommen. *(GL 101)*

KOMMUNIZIEREN heißt, sich neu dem Feuer Seiner Nähe und damit dem Anspruch der Bekehrung aussetzen. *(NLH 190)*

MARIA IST WEDER bloß in der Vergangenheit noch allein in der Höhe des Himmels, der Vorbehaltenheit Gottes angesiedelt; sie ist und bleibt anwesend und wirksam in der gegenwärtigen Geschichtsstunde; sie ist hier und heute handelnde Person. Ihr Leben liegt nicht nur hinter uns, steht nicht bloß über uns; sie geht uns voraus … *(ZF 113)*

Nicht der Kopfsprung in den Heroismus macht den Menschen heilig, sondern das geduldige und demütige Gehen mit Jesus, Schritt für Schritt. Heiligkeit besteht nicht in abenteuerlichen Tugendleistungen, sondern im Mitlieben mit ihm. Darum sind die wahren Heiligen auch die ganz menschlichen, ganz natürlichen Menschen, in denen durch die österliche Verwandlung und Reinigung hindurch das Menschliche in seiner ganzen Ursprünglichkeit und Schönheit neu zum Vorschein kommt. *(ACS 116)*

Nicht einen selbsterdachten Christus suchen wir; nur in der realen Gemeinschaft der Kirche begegnen wir dem realen Christus. Und wiederum zeigt sich in der Bereitschaft, die Kirche zu lieben, mit ihr zu leben und in ihr Christus zu dienen, die Tiefe und Ernsthaftigkeit der Beziehung zum Herrn selber. *(GG 127)*

Nicht, was wir haben, zählt, sondern was wir vor Gott und für die Menschen sind – das zählt. Der Friedhof lädt uns ein, so zu leben, dass wir nicht aus der Gemeinschaft der Heiligen herausfallen. Er lädt uns ein, im Leben das zu suchen und das zu sein, was im Tod und in der Ewigkeit bestehen kann. *(BH 113)*

Ostern [wird] zum großen Tauffest, in dem der Mensch gleichsam den Durchgang durch das Rote Meer vollzieht, aus seiner alten Existenz heraustritt in die Gemeinschaft mit Christus, dem Auferstandenen, hinein und so in die Gemeinschaft mit allen, die ihm zugehören. Auferstehung ist gemeinschaftsbildend. Sie schafft das neue Volk Gottes. Das Weizenkorn, das allein gestorben ist, bleibt nicht allein, sondern bringt viel Frucht. Der Auferstandene bleibt nicht allein, er zieht die Menschheit zu sich hinauf und schafft so die neue, universale Gemeinschaft der Menschen. *(GL 89)*

Sein Geheimnis bleibt so vielen verborgen, weil sie die Stille nicht finden können, in der Gott handelt. Wie finden wir sie? Das bloße Schweigen allein schafft sie noch nicht. Denn es kann ja ein Mensch äußerlich schweigen, und doch ist er von der Unrast der Dinge völlig zerrissen. Es kann einer schweigen und doch ist es unheimlich laut in ihm. Stillewerden bedeutet eine neue innere Ordnung finden. Es bedeutet, nicht bloß auf die Dinge bedacht zu sein, die man darstellen und vorzeigen kann. Es bedeutet, nicht bloß auf das hinzuschauen, was unter den Menschen gilt und einen Verkehrswert unter ihnen hat. Stille bedeutet, die inneren Sinne zu entwickeln, den Sinn des Gewissens, den Sinn für das Ewige in uns, die Hörfähigkeit für Gott. *(LW 30)*

Sich mit dem Zeichen des Kreuzes zu besiegeln, ist ein sichtbares und öffentliches Ja zu dem, der gelitten hat für uns; zu dem, der im Leib die Liebe Gottes bis zum Äußersten sichtbar gemacht hat; zu dem Gott, der nicht durch Zerstören, sondern durch die Demut des Leidens und der Liebe regiert, die stärker ist als alle Macht der Welt und weiser als alle berechnende Intelligenz der Menschen. *(GL 152)*

Wo ein Mensch leidet und klagt, ist das Herz Gottes in besonderer Weise berührt und getroffen. Die Klage ruft sein „Herabsteigen“ herbei (vgl. Ex 3,7). *(ACS 67)*

Zu Christus kann man nur kommen, wenn man den Mut hat, über die Wasser zu gehen und sich seiner Schwerkraft, der Schwerkraft der Gnade, anzuvertrauen. *(DEF 67)*

BIBEL

Die Urkunde der Treue Gottes

ABER SO WIE CHRISTUS alles neu macht, selbst Gottes neues Handeln ist und dennoch zugleich alle Verheißungen in sich aufnimmt, in denen die ganze Geschichte auf ihn zugegangen war, so trägt das neue Priestertum der Gesandten Jesu Christi auch den ganzen prophetischen Gehalt des Alten Bundes in sich. *(GG 123)*

DAS ERSTE BEGEGNEN mit Jesus Christus geschieht im Heute, ja, man kann ihm nur begegnen, weil er für viele Menschen ein Heute ist und darum wirklich ein Heute hat. Aber damit ich dem ganzen Christus und nicht einem zufällig wahrgenommenem Teilstück nahe komme, muss ich auf den Chris-

Jacob Jordaens (1593–1673): Die vier Evangelisten
Paris, Louvre

tus gestern hören, wie er in den Quellen, besonders in der Heiligen Schrift, sich zeigt. *(NLH 25f.)*

Der Glaube an den Auferstandenen ist Glaube an wirklich Geschehenes. Auch heute bleibt bestehen, dass Christentum nicht Legende und Dichtung ist, nicht bloßer Appell oder bloße Vertröstung: Der Glaube steht auf dem festen Grund geschehener Wirklichkeit; in den Worten der Schrift können wir gleichsam auch heute noch die verklärten Wundmale des Herrn anrühren und mit Thomas dankbar und freudig sagen: Mein Herr und mein Gott (Joh 20,28). *(SD 58f.)*

Der Glaube Israels bedeutet eine fortwährende Selbstüberschreitung der eigenen Kultur ins Offene und Weite der gemeinsamen Wahrheit hinein. Die Bücher des Alten Testaments mögen in vieler Hinsicht weniger fromm, weniger poetisch, weniger inspiriert erscheinen als bedeutende Stellen der heiligen Bücher anderer Völker. Aber sie haben doch ihre Einzigartigkeit in diesem Streitcharakter des Glaubens gegen das Eigene, in diesem Aufbruch aus dem Eigenen heraus, der mit Abrahams Wanderschaft beginnt. *(GWT 161)*

Die lebendige Schrift in der lebendigen Kirche ist auch heute gegenwärtige Macht Gottes in der Welt – eine Macht, die ein unerschöpflicher Quell der Hoffnung bleibt durch alle Generationen. *(NLH 75)*

Die Schrift theologisch auslegen heißt: nicht nur die neben- und gegeneinander stehenden historischen Autoren hören, sondern die eine Stimme des Ganzen suchen, die innere Identität, die dieses Ganze trägt und verbindet. *(ZF 108)*

Die Vereinbarkeit mit dem Grundgedächtnis der Kirche ist der Maßstab für das, was als

historisch und sachlich treu anzusehen ist gegenüber dem, was nicht aus dem biblischen Wort, sondern aus eigenem Denken kommt.
(GG 18)

Ein biblisches Jesuswort erhält für den Glauben nicht dadurch seine Verbindlichkeit, dass es von der Mehrzahl der zeitgenössischen Ausleger als solches anerkannt wird, und es verliert seine Gültigkeit nicht, wenn das Gegenteil der Fall ist. Es gilt, weil die Heilige Schrift gilt und weil sie es uns als Jesuswort vorlegt. Anders gesagt: Die Garantie der Gültigkeit rührt nicht von hypothetischen Konstruktionen her, so begründet sie auch sein mögen, sondern von der Zugehörigkeit zum Kanon der Schrift, den uns wiederum der Glaube der Kirche als Wort Gottes, also als verlässigen Boden unseres Daseins verbürgt.
(GG 55)

Für die neutestamentlichen Schriftsteller ist die Stadt im Himmel nicht bloß eine ideale, sondern eine durchaus reale Größe – die neue Heimat, auf die wir zugehen. Sie ist das innere Maß, unter dem wir leben, die Hoffnung, die uns in der Gegenwart trägt. Die neutestamentlichen Schriftsteller wissen, dass es diese Stadt schon jetzt gibt und dass wir ihr jetzt schon zugehören, auch wenn wir noch auf dem Wege sind. *(WZU 65)*

GOTT SUCHT UNS, wo wir sind, aber nicht, damit wir dort bleiben, sondern damit wir dorthin kommen, wo er ist, damit wir über uns selbst hinauskommen. Deswegen verfehlt eine Reduzierung der Gestalt Christi auf einen der Vergangenheit angehörenden „historischen Jesus" den Sinn seiner Gestalt, verfehlt das, worum es in der Inkarnation geht. Die Sinne sollen nicht abgestreift, aber sie sollen zu ihrer höchsten Möglichkeit ausgeweitet werden. Wir sehen Christus erst recht, wenn wir mit Thomas sagen: Mein Herr und mein Gott. *(GL 105f.)*

GRUNDVORAUSSETZUNG theologischer Auslegung ist zunächst die Überzeugung, dass die Schrift – unbeschadet ihrer vielen menschlichen Autoren und der langen Geschichte ihrer Entstehung – dennoch *ein* Buch, eine in allen Spannungen wirkliche innere Einheit ist. Diese Voraussetzung wiederum beruht auf der Überzeugung, dass die Schrift im Letzten doch Werk eines einzigen Autors ist, der einen menschlichen und einen göttlichen Aspekt hat: Sie entstammt dem einen geschichtlichen Subjekt des Volkes Gottes, das in allen Wendungen seiner Geschichte doch seine innere Identität mit sich selbst nicht verloren hat. *(ZF 107)*

IMMER WIEDER gilt es, sein Wort für wirklicher anzusehen als das uns allein für wirklich Geltende: die Statistik, die Technik, die öffentliche Meinung. *(DEF 90)*

QUER DURCH DIE KULTUREN geht das Wissen um die Verwiesenheit des Menschen auf Gott und auf das Ewige; das Wissen um Sünde, Buße und Vergebung; das Wissen um Gottesgemeinschaft und ewiges Leben und schließlich das Wissen um die sittlichen Grundordnungen, wie sie im Dekalog Gestalt gefunden haben. Nicht der Relativismus wird bestätigt, sondern die Einheit des Menschseins und sein gemeinsames Angerührtsein von einer Wahrheit, die größer ist als wir. *(GWT 65)*

RECHTE SCHRIFTLESUNG setzt voraus, dass wir sie dort lesen, wo sie Geschichte gemacht hat und macht, wo sie nicht Zeugnis der Vergangenheit, sondern lebendige Kraft der Gegenwart ist: in der Kirche des Herrn und mit ihren Augen, den Augen des Glaubens. *(NLH 75)*

RELIGIONSGESCHICHTLICH gesehen, sind Abraham, Isaak und Jakob wirklich keine „großen religiösen Persönlichkeiten". Das wegzudeuten hieße genau den Anstoß wegdeuten, der auf das Besondere und Einzigartige der biblischen Offenbarung hinführt. Dieses Besondere und Ganz-Andere liegt darin, dass Gott in der Bibel nicht wie bei den großen Mystikern geschaut, sondern als der Handelnde erfahren wird, der dabei (für das äußere und innere Auge) im Dunkeln bleibt. *(GWT 35)*

SCHÖPFUNG ist, damit ein Ort sei für den Bund, den Gott mit den Menschen schließen will. Das Ziel der Schöpfung ist der Bund, die Liebesgeschichte zwischen Gott und Mensch. *(GL 22)*

SCHRIFT ALS EINHEIT LESEN schließt … mit ein: Es bedeutet, sie als Gegenwart zu lesen; in ihr nicht nur Kunde darüber zu suchen, was gewesen ist und was einmal gedacht wurde, sondern Kunde darüber, was wahr ist. *(ZF 109)*

VERKÜNDIGUNG VERLANGT … mehr als die Haltung eines Telegrammboten, der fremde Worte getreulich weiterleitet, ohne dass sie ihn etwas angehen. Ich muss vielmehr das Wort des anderen in der ersten Person, ganz persönlich weitergeben und mich ihm so zueignen, dass es mein eigenes Wort wird. Denn diese Botschaft verlangt nicht einen Fernschreiber, sondern einen Zeugen. *(NLH 214)*

Wenn wir nach dem Zentrum des Neuen Testaments fragen, stoßen wir auf Christus selbst. Das Neue darin sind nicht eigentlich neue Ideen – das Neue ist Person: Gott, der Mensch wird und den Menschen zu sich heranzieht. *(GG 108)*

Wir werden auf die Quellen hören müssen, die den Ursprung bezeugen und damit unser Heute korrigieren, wo es sich in die eigenen Wunschbilder verläuft. Diese demütige Unterwerfung unter das Wort der Quellen, diese Bereitschaft, uns unsere Träume entreißen zu lassen und der Wirklichkeit zu gehorchen, ist eine Grundbedingung wahren Begegnens. Begegnung verlangt die Askese der Wahrheit, die Demut des Hörens und Sehens, das zu wirklichem Wahr-Nehmen führt. *(NLH 24)*

KIRCHE

Gottes Volk von Herkunft und Zukunft

CHRIST WERDEN heißt, in die mit Abraham eröffnete Glaubensgeschichte einzutreten und so ihn zum Vater zu empfangen. *(GWT 80)*

CHRISTUS IST DER STERN, der uns aufgegangen ist und der uns im Glauben selbst das Licht anzündet, das dann auch Menschen zu Sternen macht, die den Weg zu ihm weisen. *(LW 33)*

DER GLAUBE BERUHT darauf, dass uns etwas (oder jemand) begegnet, an das unsere Erfahrungsfähigkeit von sich aus nicht heranreicht. *(GWT 72f.)*

Das Boot Jesu im Seesturm
Evangeliar Kaiser Ottos III. (um 990); Aachen, Domschatz

Der Kirche kann in dieser Welt vieles genommen werden, sie kann große und schmerzliche Niederlagen erleiden. Es gibt ja auch in ihr immer wieder vieles, womit sie sich von dem entfernt, was sie eigentlich ist. Das wird ihr immer wieder aus der Hand geschlagen. Aber sie selbst geht nicht unter, im Gegenteil: Ihr Eigenes erscheint dadurch nur neu und kommt zu neuer Kraft. Das Boot der Kirche ist das Schiff Hoffnung. Wir können es getrost besteigen. Der Herr der Welt selbst lenkt und behütet es. *(NLH 67)*

Die Kirche ist ihrem Wesen nach gleichsam ein Fenster, Raum der Berührung zwischen dem jenseitigen Geheimnis Gottes und unserer Welt, Durchlässigwerden der Welt auf den Glanz seines Lichtes hin. Kirche steht nicht für sich, sie ist kein Ende, sondern ein Aufbruch über sich und über uns selbst hinaus. *(BH 39f.)*

Die Kirche muss von Maria neu ihr Kirche-sein lernen. Nur in einer Zuwendung zum Zeichen der Frau, zur recht verstandenen fraulichen Dimension der Kirche, geschieht die neue Öffnung zur schöpferischen Kraft des Geistes und damit Gestaltwerden Christi, dessen Gegenwart allein der Geschichte Mitte und Hoffnung geben kann. *(ZF 126)*

Die Kirche wird umso mehr Heimat des Herzens für die Menschen sein, je mehr wir auf [Christus] hören und je mehr das in ihr zentral ist, was von ihm kommt: sein Wort und die Sakramente, die er uns gegeben hat. Der Gehorsam aller gegen ihn ist die Gewähr unserer Freiheit. *(GG 157)*

Es ist nicht gleichgültig, dass wir in denselben Kirchen beten, in denen unsere Vorfahren über Jahrhunderte hin ihre Bitten und ihre Hoffnungen vor Gott hingetragen haben. Es hat mich in der Ludgeri-Kirche in Münster immer tief bewegt zu wissen, dass dies der

Raum war, in dem Edith Stein um ihre Berufung gerungen hat. Dabei ist dies ja nur ein winziger Ausschnitt aus der Geschichte des Glaubens und Betens, aus der Geschichte von Sündern und Heiligen, die unsere großen alten Kirchen verwahren. Sie sind so auch Ausdruck der Identität des Glaubens die Geschichte hindurch, Ausdruck der Treue Gottes, die sich in der Einheit der Kirche zeigt. *(NLH 118f.)*

Eucharistie als ständiger Ursprung und Mitte der Kirche verbindet alle die „vielen", die nun Volk werden, mit dem einen Herrn und seinem einen einzigen Leib; so ist von hier aus die Einzigkeit der Kirche und ihre Einheit vorgegeben. *(GG 26)*

Glauben und Leben, Wahrheit und Leben, Ich und Wir sind nicht trennbar, und nur im Kontext des Mitlebens im Wir der Glaubenden, im Wir der Kirche, entfaltet der Glaube seine Logik, seine organische Gestalt. *(ACS 44f.)*

GOTTLOB sind wir bei unserer Pastoral nicht in der Lage eines eifersüchtigen Krämers, der die Waren der anderen schlechtmachen muss und dafür alles, was er in seinem Laden hat, den Leuten andrehen möchte. Wir brauchen die Menschen nicht zu hindern, anderes aufzunehmen und anzunehmen; wir sollen sie im Gegenteil zu jenem Entscheid hinführen, der es ihnen möglich macht, sich die Weite des Humanen zu assimilieren, weil er auf den Grund des Humanum hin öffnet und so offen für alle und für das Ganze macht. *(KL 38)*

ICH KANN IN DER EUCHARISTIE gar nie nur mit Jesus allein kommunizieren wollen. Er hat sich einen Leib gegeben. Wer mit ihm kommuniziert, kommuniziert notwendig mit allen seinen Brüdern und Schwestern, die Glieder des einen Leibes wurden. *(GG 81)*

IM GEISTLICHEN BEREICH gehört allen alles. Da gibt es kein Privateigentum. Das Gute des anderen wird meines, und seines wird mein.

Alles kommt von Christus her, aber weil wir zu ihm gehören, wird auch das Unsere zum Seinigen und erhält heilende Kraft. Das ist mit dem Wort vom Schatz der Kirche, den Rechttaten der Heiligen gemeint. ... Auch geistlich lebt keiner für sich selbst. Und die Sorge um das eigene Seelenheil wird nur dann aus Angst und Egoismus befreit, wenn sie zur Sorge um das Heil der anderen wird. *(BH 99f.)*

Im Tabernakel ist das nun ganz verwirklicht, wofür ehedem die Bundeslade stand. Er ist der Ort des „Allerheiligsten". Er ist das Zelt Gottes, der Thron, da er unter uns ist, seine Gegenwart (Schekhina) nun wirklich unter uns wohnt – in der armseligsten Dorfkirche nicht weniger als im größten Dom. *(GL 78)*

In der Kirche ist keine Generation isoliert. Im Leib Christi gilt die Grenze des Todes nicht mehr; in ihm durchdringen sich Vergangenheit, Gegenwart und Zukunft. *(GG 97)*

Jede neue Situation der Menschheit öffnet auch neue Seiten des menschlichen Geistes und eröffnet neue Zugänge zur Wirklichkeit. So kann die Kirche in der Begegnung mit den geschichtlichen Erfahrungen der Menschheit immer tiefer in die Wahrheit geführt werden und neue Dimensionen darin erkennen, die ohne diese Erfahrungen nicht zu verstehen gewesen wären. Aber Skepsis ist immer da angebracht, wo neue Auslegungen die Identität des kirchlichen Gedächtnisses angreifen und es durch ein anderes Denken ersetzen, also als Gedächtnis zerstören wollen. *(GG 18)*

Keiner weiss alles, aber miteinander wissen wir das Nötige; Glaube bildet ein Netz gegenseitiger Abhängigkeit, das zugleich ein Netz gegenseitiger Verbundenheit, des Sich-Tragens und Getragenwerdens ist. *(ACS 35)*

Kirche begann, als die Jünger sich einmütig im Abendmahlssaal versammelt hatten und beteten. So beginnt sie immer wieder. Im

Gebet um den Heiligen Geist müssen wir sie jeden Tag neu herbeirufen. *(BH 86)*

Kirche ist Ein- und Ausgehen von Gott zu uns, von uns zu Gott. Ihr Auftrag ist es, eine sich verschließende Welt zu öffnen über sich hinaus, ihr das Licht zu geben, ohne das sie unbewohnbar wäre. *(BH 40)*

Kirche ist geworden, als der Herr unter den Gestalten von Brot und Wein seinen Leib und sein Blut gegeben und dann gesagt hatte: Tut dies zu meinem Gedächtnis. Das bedeutet: Kirche ist Antwort auf diesen Auftrag, auf eine Vollmacht und seine Verantwortung. Kirche ist Eucharistie. *(GG 74)*

Nicht eine menschlichere Kirche brauchen wir, sondern eine göttlichere, dann wird sie auch wahrhaft menschlich werden. *(GG 141)*

NUR VON DEM „EINMAL“ kann das „Immer“ kommen. Die Kirche betet nicht in eine mythische Allzeitlichkeit hinein: Sie darf ihre Wurzeln nicht verlassen und erkennt das wirkliche Reden Gottes gerade an der Konkretheit seiner Geschichte, an Ort und Zeit, an die er uns knüpft und die uns alle aneinanderknüpfen. *(GL 141)*

PAULUS WAR NICHT DER MEINUNG, dass Ärger zu vermeiden die Hauptaufgabe der Pastoral sei, und er dachte nicht, dass ein Apostel vor allem eine gute Presse haben müsse. Nein, er wollte aufrütteln, den Schlaf der Gewissen aufreißen, und wenn es das Leben kostete. *(BH 34f.)*

„VERGEGENWÄRTIGUNG“ ist deshalb möglich, weil der Herr in seinen Heiligen auch heute lebt und weil in der aus ihrem Glauben kommenden Liebe mich seine Liebe unmittelbar berühren kann. *(ACS 113)*

Wenn neben der Sonne als dem Bild Christi der Mond steht, der nicht eigenes Licht, sondern nur von der Sonne abkünftige Helligkeit hat, so ist damit … angedeutet, dass wir Menschen immer wieder auch die „kleine" Leuchte brauchen, deren geborgtes Licht uns erst hilft, das schöpferische Licht, den einen und dreifaltigen Gott, zu erkennen und zu lieben. Deshalb gehören die Heiligenfeste von frühester Zeit an zur Gestalt des christlichen Jahres. *(GL 96)*

Wie Abrahams Glaube zum Anfang des Alten Bundes wurde, so eröffnet der Glaube Marias in der Szene der Verkündigung den Neuen. Glaube ist bei ihr wie bei Abraham ein Gott-Trauen und -Gehorchen, auch auf einem dunklen Weg. Er ist ein Sich-Fallenlassen, Sich-Freigeben und Sich-Überantworten an die Wahrheit, an Gott. So wird Glaube im Helldunkel von Gottes unerforschlichen Wegen zur Gleichgestaltung mit ihm. *(ZF 116)*

WIR SIND SO OFT WORTLOS Gott gegenüber. Ja, der Heilige Geist lehrt uns beten, gibt uns die Worte, wie Paulus sagt, aber er bedient sich auch menschlicher Vermittlung. Gebete, die aus dem Herzen gläubiger Menschen unter der Führung des Heiligen Geistes aufgestiegen sind, sind eine uns vom Heiligen Geist angebotene Schule, die langsam unseren stummen Mund öffnet und uns hilft, beten zu lernen und die Stille zu füllen. *(GL 184)*

WIR WERDEN in den einen Christus hineingenommen, und dadurch gehören wir nun auch gegenseitig zusammen: Ich kann denjenigen nicht mehr als einen Fremden betrachten, der in derselben Berührung mit Christus steht wie ich. *(BH 41)*

VICTOR CARPATHIVS

LITURGIE

Antwort auf Gottes Wort

ALL UNSER SINGEN ist Mitsingen und Mitbeten mit der großen Liturgie, die die ganze Schöpfung umspannt. *(GL 131)*

ALLE FESTE DES KIRCHENJAHRES sind Ereignisse der Erinnerung und darum Ereignisse der Hoffnung. Die großen Erinnerungen der Menschheit, die das Jahr des Glaubens verwahrt und öffnet, sollen in der Gestaltung der heiligen Zeiten durch Liturgie und Brauchtum zu persönlichen Erinnerungen der eigenen Lebensgeschichte werden. Die persönlichen Erinnerungen werden von den großen Erinnerungen der Menschheit genährt; die großen Erinnerungen werden nur durch ihre Übersetzung ins Persönliche gewahrt. *(SD 11f.)*

Vittore Carpaccio (1455/56–1525/26): Musizierender Engel
(Detail der „Darstellung im Tempel“); Venedig, Galleria dell'Accademia

BETEN ist die Sprache der Hoffnung. Die Schlussformel der liturgischen Gebete „durch Christus unsern Herrn“ entspricht der Tatsache, dass Christus die realisierte Hoffnung, der Anker unseres Hoffens ist. *(ACS 77)*

CHRISTUS ist nicht nur Haupt voll Blut und Wunden; er ist Herrscher über die ganze Welt. Seine Herrschaft bedeutet nicht Zertrampelung der Erde, sondern dass ihr der Glanz zurückgegeben wird, von Gottes Schönheit und Macht zu reden. *(BH 69)*

DENJENIGEN, DER GLAUBEND und betend an der Eucharistie teilnimmt, muss der Augenblick zuinnerst erschüttern, in dem der Herr herniedersteigt und Brot und Wein umwandelt, so dass sie nun sein Leib und sein Blut werden. Es kann gar nicht anders sein, als dass wir vor diesem Geschehen in die Knie sinken und ihn grüßen. Die Wandlung ist der Augenblick der großen „actio“ Gottes in der Welt für uns. Sie reißt unseren Blick und unser

Herz hoch. Einen Augenblick schweigt die Welt, schweigt alles, und in diesem Schweigen ist Berührung mit dem Ewigen – treten wir für einen Herzschlag aus der Zeit heraus, in Gottes Mitsein mit uns hinein. *(GL 182)*

DER GLAUBE STAMMT vom Hören auf Gottes Wort. Wo aber Gottes Wort in Menschenwort übersetzt wird, bleibt ein Überschuss des Ungesagten und Unsagbaren, der uns zum Schweigen ruft – in ein Schweigen hinein, das schließlich das Unsagbare zu Gesang werden lässt und auch die Stimmen des Kosmos zu Hilfe ruft, damit das Ungesagte hörbar werde. *(NLH 176)*

DER KOSMOS BETET MIT, auch er wartet auf die Erlösung. Gerade diese kosmische Dimension ist der christlichen Liturgie wesentlich. Sie vollzieht sich nie nur in der selbstgemachten Welt des Menschen. Sie ist immer kosmische Liturgie – das Thema Schöpfung gehört in das christliche Gebet hinein. Es verliert seine Größe, wenn es diesen Zusammenhang vergisst. *(GL 62)*

Die Befreiung ist Befreiung zum Leben. Christus, der Erstgeborene der Schöpfung, nimmt den Tod auf sich und zertritt in der Auferstehung die Macht des Todes: Der Tod hat nicht mehr das letzte Wort. Die Liebe des Sohnes erweist sich als stärker als der Tod, denn sie eint den Menschen mit der Liebe Gottes, der das Sein selber ist. So wird in der Auferstehung Christi nicht nur ein individuelles Schicksal in Erinnerung gerufen. Er ist nun bleibend da, weil er lebt. Er versammelt uns, damit wir leben: „Ich lebe, und ihr werdet leben" (Joh 14,19). *(GL 88f.)*

Die christliche Liturgie hat kosmische Ausmaße: Wir stimmen in den Lobpreis der Schöpfung ein und geben zugleich der Schöpfung eine Stimme. *(BH 73)*

DIE EUCHARISTISCHE GEGENWART im Tabernakel setzt nicht eine andere Auffassung von Eucharistie neben oder gegen die Eucharistiefeier, sondern bedeutet erst ihre volle Verwirklichung. Denn diese Gegenwart bewirkt ja, dass in der Kirche immer Eucharistie ist. Sie wird nie zum toten Raum, sondern sie ist immer durchlebt von der Gegenwart des Herrn, die aus der Eucharistiefeier kommt, uns in sie hineinführt und uns immer an der kosmischen Eucharistie teilnehmen lässt. *(GL 78)*

DIE VÖLLIGE BILDLOSIGKEIT ist mit dem Glauben an die Menschwerdung Gottes nicht vereinbar. Gott ist in seinem geschichtlichen Handeln in unsere Sinnenwelt hereingetreten, damit sie durchsichtig werde auf ihn hin. Die Bilder des Schönen, in denen sich das Geheimnis des unsichtbaren Gottes versichtbart, gehören zum christlichen Kult. *(GL 113)*

EIN SCHÖNES WORT von Mahatma Gandhi … das ich kürzlich in einem Kalender gefunden habe. Gandhi weist auf die drei Lebensräume des Kosmos hin und darauf, wie jeder dieser Lebensräume auch eine eigene Weise des Seins mitgibt. Im Meer leben die Fische, und sie schweigen. Die Tiere auf der Erde schreien; die Vögel aber, deren Lebensraum der Himmel ist – sie singen. Dem Meer ist das Schweigen, der Erde das Schreien und dem Himmel das Singen zu eigen. Der Mensch aber hat Anteil an allen dreien: Er trägt die Tiefe des Meeres, die Last der Erde und die Höhe des Himmels in sich, und deswegen gehören ihm auch alle drei Eigenschaften zu: das Schweigen, das Schreien und das Singen. *(NLH 164)*

EUCHARISTIE IST ... Eintreten in die himmlische Liturgie, Gleichzeitigwerden mit dem Anbetungsakt Jesu Christi, in den er durch seinen Leib die Zeit der Welt hineinnimmt und zugleich immerfort über sich hinausführt, aus sich herausreißt in die Gemeinschaft der ewigen Liebe hinein. *(GL 62)*

FRIEDE DER MENSCHEN kommt aus der Ehre Gottes. Wem es um die Menschen und um ihr Heil zu tun ist, der muss zuallererst um die Ehre Gottes besorgt sein. Ehre Gottes ist nicht eine Privatsache, mit der es jeder nach Belieben halten kann, sondern eine öffentliche Angelegenheit. Sie ist ein gemeinsames Gut, und wo Gott unter den Menschen nicht in Ehren steht, da kann auch der Mensch nicht in Ehren bleiben. *(LW 37)*

IM KNIEN BEUGT sich der Mensch, aber sein Blick geht nach vorne und nach oben, wie im Stehen, zum Gegenüber. Es ist Ausgerichtetsein auf den, der uns anschaut und auf den wir hinzuschauen versuchen gemäß dem Wort des Hebräerbriefs: „Lasst uns auf Jesus blicken, den Urheber und Vollender des Glaubens“ (12,3; vgl. 3,1). *(GL 169)*

IN DEN LITURGISCHEN FESTEN sind die vergangenen Taten Gottes Gegenwart. Die Feste sind Teilhabe an Gottes Handeln in der Zeit … *(GL 100)*

Jede Liturgie ist kosmische Liturgie, Heraustreten aus unseren armseligen Gruppierungen in die große Gemeinschaft, die Himmel und Erde umspannt. Das gibt ihr ihre Weite, ihren großen Atem. Das macht jede Liturgie zum Fest. Das macht unser Schweigen reich und fordert uns zugleich heraus, jenen schöpferischen Gehorsam zu suchen, der uns die Fähigkeit gibt, in den Chor der Ewigkeit einzustimmen. *(NLH 222)*

Letztlich ist das Leben des Menschen selbst, der recht lebende Mensch die wahre Anbetung Gottes, aber das Leben wird zu wirklichem Leben nur, wenn es seine Form aus dem Blick auf Gott hin empfängt. Der Kult ist dazu da, diesen Blick zu vermitteln und so Leben zu geben, das Ehre wird für Gott. *(GL 15)*

Liturgie ist gerade dadurch schön, dass wir nicht selbst ihre Akteure sind, sondern dass wir eintreten in das Größere, das uns umfängt und zu eigen nimmt. *(NLH 221f.)*

Rede mit Gott überschreitet die Grenzen menschlichen Sprechens. Sie hat darum … allerorten die Musik zu Hilfe gerufen, das Singen und die Stimmen der Schöpfung im Klang der Instrumente. Denn zum Gotteslob gehört der Mensch nicht allein. Gottesdienst ist einstimmen in das, wovon alle Dinge reden. *(NLH 145)*

Wir dürfen uns der Nähe der Mutter [Maria] öffnen, ohne Furcht vor falscher Sentimentalität und ohne Furcht, ins Mythische abzusinken. Mythisch und krank wird das alles nur dann, wenn wir es vom großen Zusammenhang des Geheimnisses Christi wegreißen. *(BH 31)*

Zur Liturgie gehört die Stille ebenso wie die Festlichkeit. Wenn ich an meine eigenen Seminarjahre zurückdenke, so sind die Augenblicke der morgendlichen Messe mit ihrer unverbrauchten Frische und Reinheit zusammen mit den großen Gottesdiensten voll festlichen Glanzes die schönsten Erinnerungen, die mir geblieben sind. *(NLH 221)*

FREUDE

Wenn Glaube das Herz leichter macht

Als ich zum Bischof geweiht wurde, war vielleicht das brennende Gefühl des Ungenügens, der eigenen Unfähigkeit vor der Größe des Auftrags noch stärker als bei der Priesterweihe. Dass da von der betenden Kirche alle Heiligen herbeigerufen wurden, das Beten der Kirche mich förmlich einhüllte und umfing, war wunderbar tröstend. *(GL 162)*

Aus meiner Jugend ist mir der Portiunkula-Tag als ein Tag großer Innerlichkeit, als ein Tag gesammelten Empfangs der Sakramente und als ein Tag des Betens in Erinnerung. Auf dem Platz vor unserer Pfarrkirche herrschte an diesem Tag eine eigentümlich feierliche Stille. Immerfort gingen Menschen in der Kir-

Cimabue (vor 1272 – nach 1302): Der heilige Franz von Assisi
Assisi, Unterkirche San Francesco

che aus und ein. Man spürte, dass Christentum Gnade ist, und dass sie sich im Gebet erschließt. Ganz unabhängig von allen Ablasstheorien war dies so weltweit ein Tag des Glaubens und ein Tag einer stillen Zuversicht, eines in besonderer Weise erhörungssicheren Gebetes, das vor allem auch den Toten galt. *(BH 97)*

CHRISTLICHE HOFFNUNG entwertet nicht die Zeit, sondern sie bedeutet gerade, dass jeder Augenblick des Lebens seinen Wert hat; sie bedeutet, dass wir die Gegenwart annehmen können und ausfüllen sollen, weil alles bleibt, was wir von innen her angenommen haben. *(LL 19)*

DER GLAUBE FÜHRT ZUR LIEBE. Darin zeigt sich, ob er überhaupt Glaube ist. Ein finsterer, mürrischer, egoistischer Glaube ist Fehlglaube. Wer Christus entdeckt, wer das weltweite Netz der Liebe entdeckt, das er in der Eucharistie ausgeworfen hat, muss fröhlich werden und muss selbst ein Gebender werden. *(BH 44)*

DER GLAUBE hindert uns an der Vergesslichkeit, ja; er weckt die eigentliche, die verschüttete Erinnerung des Ursprungs wieder in uns: dass wir von Gott herkommen; und er fügt die neue Erinnerung hinzu, die sich im Fest Christi Himmelfahrt ausspricht: dass der eigentliche, richtige Platz unseres Existierens Gott selber ist und dass wir immer von dorther den Menschen ansehen müssen. *(BH 71)*

DER MENSCH MUSS aufsteigen lernen, er muss weit werden. Er muss am Fenster stehen. Er muss Ausschau halten. Und dann kann das Licht Gottes ihn anrühren, er kann ihn erkennen und von ihm her den wahren Über-Blick gewinnen. *(GWT 130)*

DER VOLKSFRÖMMIGKEIT kommt eine besondere Bedeutung als Brücke zwischen dem Glauben und den jeweiligen Kulturen zu. Sie ist ganz von selbst den jeweiligen Kulturen unmittelbar verpflichtet. Sie dehnt die Welt des Glaubens aus und gibt ihm seine Vitalität in den jeweiligen Lebenszusammenhängen. *(GL 171)*

Ein Freund von mir, der jahrelang auf die Nierendialyse angewiesen war und erfahren musste, wie ihm Schritt für Schritt sein Leben aus der Hand genommen wurde, hat einmal erzählt, dass er als Kind den Kreuzweg besonders liebte und ihn auch später gern betete. Als er dann die schreckliche Diagnose erfuhr, war er zuerst wie betäubt, aber plötzlich fiel ihm ein: Nun wird das ja ernst, was du immer gebetet hast, nun darfst du wirklich mitgehen und bist von Ihm in den Kreuzweg hineingenommen. So fand er seine Heiterkeit wieder, die bis zuletzt von ihm ausging und das Leuchten des Glaubens sichtbar werden ließ. *(NLH 71)*

EINE KIRCHE OHNE eucharistische Gegenwart ist irgendwie tot, auch wenn sie zum Beten einlädt. Aber eine Kirche, in der vor dem Tabernakel das ewige Licht brennt, lebt immer, ist immer mehr als steinerner Bau: In ihr wartet der Herr immer auf mich, ruft mich, will mich selbst „eucharistisch" machen. So bereitet er mich für die Eucharistie, so setzt er mich in Bewegung auf seine Wiederkunft hin. *(GL 78f.)*

ES IST NICHT NUR UNSER RECHT, es ist unsere Pflicht, uns zu freuen, weil der Herr die Freude geschenkt hat, und weil die Welt auf sie wartet. *(SD 37)*

GOTT IST NICHT DER GEGNER unserer Freiheit, sondern ihr Grund; das sollten wir in diesen Tagen wieder neu lernen. Nur die Liebe, die allmächtig ist, kann Grund angstloser Freude sein. *(SD 30)*

Gott ist nicht irgendein fernes höchstes Wesen, an das man nie herankommt. Er ist ganz nah, in Rufweite, immer zu erreichen. Er hat Zeit für mich, so viel Zeit, dass er als Mensch in der Krippe lag und auf ewig Mensch geblieben ist. *(LL 45)*

Gottesdienst ist Hereinscheinen des ewigen Lichts und Hereinklingen des Klangs von Gottes Freude in unsere Welt, und er ist zugleich unser Herantasten an den tröstenden Glanz dieses Lichtes aus der Tiefe unserer Fragen und Wirrnisse heraus, Aufsteigen auf der Leiter, die von Glaube zu Liebe führt und damit den Blick der Hoffnung öffnet. *(BH 45)*

Ich werde nie vergessen, mit welcher Andacht und welcher inneren Zuwendung Vater und Mutter uns Kindern, wenn wir fortgingen, zumal wenn es ein größerer Abschied war, mit dem geweihten Wasser das Kreuz auf Stirn, Mund und Brust zeichneten. Dieser Segen war ein Geleit, von dem wir uns geführt wussten – die Versichtbarung des Gebetes der Eltern, das mit uns ging, und die Gewissheit, dass dieses Gebet vom Segen des Erlösers getragen ist. Der Segen war auch ein Anspruch an uns, nicht aus dem Raum dieses Segens fortzugehen. *(GL 158)*

Im Bild der Mutter des Erlösers erscheint der wahre Trost – Gott ist uns zum Anrühren nahe, auch heute. Wenn wir im schauenden Verweilen in [einer] Kirche dieses Trostes innewerden, dann ist ihre Botschaft heilend und verwandelnd in uns eingegangen. *(BH 31)*

Indem wir das Kreuz über uns zeichnen, stellen wir uns unter den Schutz des Kreuzes, halten es gleichsam wie einen Schild vor uns hin, der uns deckt in den Bedrängnissen unserer Tage und uns Mut gibt zum Weitergehen. … Das Kreuz ist ein Passionszeichen, es ist zugleich ein Auferstehungszeichen; es ist sozusagen der rettende Stab, den Gott uns hinhält … Es wird vergegenwärtigt in der

Taufe, in der wir mit Kreuz und Auferstehung Christi gleichzeitig werden (Röm 6,1–14). Sooft wir das Kreuzzeichen machen, nehmen wir unsere Taufe neu an; Christus zieht uns vom Kreuz her sozusagen zu sich hin (Joh 12,32) und so in die Gemeinschaft mit dem lebendigen Gott hinein. *(GL 153)*

Je mehr wir eingewurzelt sind in die Weggemeinschaft mit Jesus Christus und mit allen, die zu ihm gehören, desto mehr wird unser Leben getragen sein von jener strahlenden Zuversicht, die der heilige Paulus ins Wort gebracht hat: „Des bin ich gewiss: Weder Tod noch Leben, weder Engel noch Mächte, weder Gegenwärtiges noch Zukünftiges, keine Gewalten, nicht Höhe noch Tiefe noch irgendeine Kreatur kann uns trennen von der Liebe Gottes, die da ist in Christus Jesus, unserem Herrn" (Röm 8,38f.) *(GG 150)*

Liturgie ist die Berührung mit dem Schönen selbst, mit der ewigen Liebe. Von ihr muss die Freude ins Haus hinausstrahlen, in ihr kann immer wieder die Mühsal des Tages verwandelt und überwunden werden. Wo Liturgie zur Lebensmitte wird, stehen wir im Raum des Apostelwortes: Freuet euch, wiederum sage ich euch: freuet euch ... Der Herr ist nahe (Phil 4,4). *(NLH 222)*

Liturgie und Musik sind von Anfang an einander verschwistert gewesen. Wo der Mensch Gott lobt, reicht das bloße Wort nicht aus. *(NLH 145)*

Ostern ist nicht nur eine Geschichte zum Erzählen – es ist eine Wegweisung. Es ist nicht ein Bericht von einem sehr lange vergangenen Wunder; es ist der Durchbruch, in dem sich der Sinn der ganzen Geschichte entschieden hat. *(SD 52)*

Vielleicht sollten wir einmal das Experiment machen, die einzelnen Begebnisse des

Tages als Winke Gottes an uns zu verstehen. Vielleicht sollten wir einmal nicht nur das Ärgerliche und Unangenehme registrieren, sondern uns mühen, herauszufinden, wie oft Gott mich etwas von seiner Liebe spüren lässt. Sozusagen ein inneres Tagebuch des Guten zu führen wäre eine schöne und heilende Aufgabe. *(LL 15f.)*

Welche Bedeutung der Musik in der biblischen Religion zukommt, kann man ganz einfach daraus sehen, dass das Wort Singen (mit den zugehörigen Wörtern Gesang usw.) eines der meistgebrauchten Wörter der Bibel überhaupt ist: Im Alten Testament kommt das Wort 309-mal vor, im Neuen Testament 36-mal. Wo der Mensch mit Gott in Berührung kommt, reicht das bloße Reden nicht mehr aus. Es werden Bereiche seiner Existenz geweckt, die von selbst zu Gesang werden; ja, das Eigene des Menschen ist nicht genügend für das, was er ausdrücken muss, so dass er die ganze Schöpfung einlädt, mit ihm Gesang zu werden … *(GL 117)*

Wenn es Gott gibt und wenn dieser Gott den Menschen gewollt hat und will, dann ist klar, dass seine Liebe das kann, was die unsere vergeblich will: den Geliebten über den Tod hinaus am Leben halten. *(BH 118)*

Wenn wir betend die Hände falten, dann steht … dahinter: Wir legen unsere Hände in die seinen, legen mit den Händen unser Geschick in seine Hand; vertrauend auf seine Treue sagen wir ihm unsere Treue zu. *(GL 175f.)*

Wer für Christus handelt, weiß, dass immer wieder ein anderer sät und ein anderer erntet. Er braucht nicht fortwährend nach sich zu fragen; er überlässt dem Herrn, was herauskommt, und tut angstlos das Seinige, befreit und heiter ob seiner Geborgenheit im Ganzen. *(GG 126)*

LIEBE

Das Göttliche im Menschen

ALL UNSERE HOFFNUNGEN münden in der einen Hoffnung: Dein Reich komme, dein Wille geschehe wie im Himmel so auf Erden. Die Erde werde wie der Himmel, sie soll selbst Himmel werden. In seinem Willen steht all unsere Hoffnung. Beten lernen ist hoffen lernen und ist darum leben lernen. *(ACS 78)*

ALS ICH VOR ETLICHEN JAHREN zum ersten Mal das „Tagebuch eines Landpfarrers“ von Bernanos las, hat sich mir das letzte Wort dieser leidenden Seele unauslöschlich eingeprägt: Es ist nicht schwer, sich selbst zu hassen; die Gnade der Gnaden aber wäre es, sich selber zu lieben wie irgendein Glied am Leibe Christi … Der Realismus dieser Aussage ist

Vincent van Gogh (1853–1890): Der barmherzige Samariter
Otterlo, Kröller-Müller-Museum

offenkundig. Es gibt viele Menschen, die im Zwiespalt mit sich selber leben. Diese Abneigung gegen sich selbst, diese Unfähigkeit, sich anzunehmen und sich mit sich selbst zu versöhnen, ist weit entfernt von jener „Selbstverleugnung", die der Herr will. Wer sich selbst nicht mag, kann auch nicht den Nächsten lieben. *(ACS 110)*

Am Ende ist alles Gnade, denn die großen Dinge der Welt – das Leben, die Liebe, Gott – die kann man nicht machen, nur geschenkt bekommen. Und doch können wir nur dann beschenkt werden, wenn wir selbst Schenkende sind. Nur indem wir schenken, werden wir beschenkt; nur indem wir folgen, werden wir frei; nur indem wir opfern, empfangen wir, was wir durch nichts verdienen können. *(DEF 52f.)*

Das Bild Christi und die Bilder der Heiligen sind keine Fotografien. Ihr Wesen ist es, über das bloß materiell Feststellbare hinauszuführen, die inneren Sinne zu wecken und ein neues Sehen zu lehren, das im Sichtbaren das Unsichtbare wahrnimmt. Die Sakralität des Bildes besteht gerade darin, dass es aus einem inneren Sehen kommt und so zu einem inneren Sehen hinführt. Es muss Frucht innerer Kontemplation, einer gläubigen Begegnung mit der neuen Wirklichkeit des Auferstandenen sein und so wieder in das innere Schauen, in die betende Begegnung mit dem Herrn hineinführen. *(GL 114f.)*

DAS SINGEN DER KIRCHE kommt letztlich aus der Liebe heraus: Sie ist es zu allertiefst, die das Singen schafft. „Cantare amantis est", sagt Augustinus: Singen ist Sache der Liebe. *(GL 122)*

DEN AUFERSTANDENEN sieht man nicht wie ein Stück Holz oder Stein. Ihn sieht nur, wem er sich offenbart. Und er offenbart sich nur dem, den er senden kann. Er offenbart sich nicht der Neugier, sondern der Liebe – die ist das

Organ, das zu solchem Sehen und Vernehmen unerlässlich ist. *(SD 59f.)*

Den Blick auf Jesus geheftet halten ... Der Beter schaut über sich hinaus auf den, der über ihm ist und der auf ihn zugeht, auf den er mit seinem schauenden Beten seinerseits zuzugehen versucht ... *(GL 169)*

Der Heilige Geist führt uns zu Christus, und Christus öffnet die Tür zum Vater. Gott ist nicht mehr der unbekannte Gott; er hat einen Namen. Wir dürfen ihn anrufen, und er ruft uns. *(GL 153)*

Die drei Fragen nach der Wahrheit, nach dem Guten, nach Gott sind nur eine einzige Frage. ... Der Gottesbegriff der Bibel erkennt Gott als das Gute, als den Guten (vgl. Mk 10,18). Dieser Gottesbegriff erreicht seine letzte Höhe in der johanneischen Aussage: Gott ist Liebe (1 Joh 4,8). Wahrheit und Liebe sind identisch. Dieser Satz – wenn er in seinem ganzen Anspruch begriffen wird – ist die höchste Garantie der Toleranz; eines Umgangs mit der Wahrheit, deren einzige Waffe sie selbst und damit die Liebe ist. *(GWT 186)*

Die einzige Mittlerschaft Jesu Christi … ist nicht exklusiv, sondern inklusiv, d. h. sie ermöglicht Formen der Teilhabe. Anders gesagt: Die Einzigkeit Christi löscht das Füreinander und Miteinander der Menschen vor Gott nicht aus, die alle auf vielfältige Weise einer dem anderen Mittler zu Gott sein können in der Gemeinschaft mit Jesus Christus. Das ist ein einfacher Sachverhalt unserer täglichen Erfahrung, denn keiner glaubt allein, jeder lebt in seinem Glauben auch von menschlichen Vermittlungen. Keine davon würde von sich her ausreichen, um die Brücke zu Gott hinüberzuschlagen, weil kein Mensch aus Eigenem absolute Gewähr für Gottes Existenz und für seine Nähe übernehmen kann. Aber in der Gemeinschaft mit dem, der selbst diese Nähe ist, können Menschen einander Mittler sein und sind es auch. *(ZF 120f.)*

Die Heilige Schrift gebraucht für die Beschreibung der Nächstenliebe ein sehr weises und tiefes Wort. „Lieben wie dich selbst." Sie verlangt keinen abenteuerlichen und unwahren Heroismus. Sie sagt nicht: Du sollst dich selber verneinen und nur ganz für den anderen dasein; du musst aus dir selber weniger machen und dergleichen mehr. Nein, wie dich selbst. Nicht mehr und nicht weniger. *(ACS 124)*

Die Kirche steht immer vor einer ungeheuren Versöhnungsaufgabe; sie ist nicht Kirche, wenn sie nicht die zueinander bringt, die eigentlich – von ihrem Gefühl her – nicht zueinander passen und nicht zueinander mögen. Nur von der Liebe dessen her, der für alle gestorben ist, kann diese Versöhnung geschehen, aber von ihr her muss sie auch geschehen. *(GG 77)*

Die Liebe, die im Sich-Verlieren sich selber findet. Sie bleibt Gegenwart. Die Eucharistie ist das Präsens des Auferstandenen, der in den Zeichen der Hingabe immerfort sich selber gibt und so unser Leben ist. *(NLH 89)*

Ein Gläubiger, der sich vom Glauben der Kirche formen und führen lässt, sollte in all seinen Schwächen und Schwierigkeiten ein Fenster sein für das Licht des lebendigen Gottes, und wenn er wahrhaft glaubt, ist er es auch. *(ACS 41)*

Ein Zeugnis blosser Worte wiegt nicht schwer; es kann auch falsches Zeugnis sein. Wo aber mit dem Zeugnis des Leidens das Leben selbst zum Zeugnis wird, sind andere Gewichte im Spiel. *(DEF 59)*

Es berührt mich immer von Neuem tief, dass die vorletzte Vaterunser-Bitte – vergib, wie wir vergeben haben – die einzige ist, die der

Herr mit einem Kommentar versehen hat, der eine Forderung ist: „wie wir vergeben haben“. Wenn ihr einander nicht vergebt – das ist hier eingeschlossen –, wie soll der Vater euch vergeben? *(DEF 46)*

Es gibt ein bei Origenes überliefertes Jesuswort: „Wer mir nahe ist, ist dem Feuer nahe.“ Wer nicht gebrannt sein will, der wird vor ihm zurückschrecken. Zum Ja der Nachfolge gehört der Mut, sich brennen zu lassen von dem Feuer der Passion Jesu Christi, das zugleich das rettende Feuer des Heiligen Geistes ist. Nur wenn wir den Mut haben, diesem Feuer nahe zu sein, wenn wir selbst uns zu Brennenden machen lassen, dann können wir auch auf dieser Erde sein Feuer entzünden, das Feuer des Lebens, der Hoffnung und der Liebe. *(DEF 33)*

Es gibt Menschen, die sozusagen einen Überschuss an Liebe, an bestandenem Leid, an Lauterkeit und Wahrheit hinterlassen, der andere auffängt und mitträgt. Es gibt wirklich Stellvertretung im Innersten der Existenz. Das ganze Geheimnis Christi beruht darauf. *(BH 98)*

GEDÄCHTNIS verlangt mehr als ein bloß äußeres Registrieren. Nur innere Beteiligung ermöglicht Aufnahme und Festhalten eines Wortes. Was mich nicht anrührt, geht auch nicht in mich ein, es verwischt sich im Brei allgemeiner Erinnerungen und verliert sein besonderes Gesicht. Vor allem aber gehören auch Verstehen und Bewahren zusammen. Was ich nicht wirklich verstanden habe, kann ich auch nicht richtig weitergeben. Erst im Verstehen empfange ich überhaupt die Wirklichkeit, und Verstehen ist wiederum an ein gewisses Maß innerer Identifikation mit dem Verstandenen gebunden. Es ist an Liebe gebunden. Was ich gar nicht liebe, kann ich auch nicht wirklich verstehen. So gehört zur Überlieferung nicht nur ein Gedächtnis, wie man es zum Merken von Telefonnummern braucht, sondern ein Gedächtnis des Herzens, in dem ich etwas von mir selber gebe. *(SD 92f.)*

GOTT IST der ganz Andere, aber er ist doch mächtig genug, um sich zeigen zu können. Und er hat sein Geschöpf so geschaffen, dass es fähig ist, ihn zu „sehen" und zu lieben. *(GL 107)*

GOTTESERKENNTNIS verlangt innere Wachheit, Verinnerlichung, das geöffnete Herz, das persönlich in schweigender Sammlung seiner Direktheit zum Schöpfer innewird. Aber zugleich gilt doch, dass sich Gott nicht dem isolierten Ich öffnet, individualistische Abkapselung ausschließt: Die Beziehung zu Gott ist gebunden an die Beziehung, die Kommunion mit unseren Brüdern und Schwestern. *(ACS 36)*

IM HERZEN DES MENSCHEN ist auch durch die Sünde die Fähigkeit nicht ganz erloschen, die Stimme des einen Gottes zu erkennen. *(GWT 81)*

JESUS CHRISTUS ist nicht gegen jemand gestorben, sondern für alle. Sein Blut fordert nicht

Blut, sondern Versöhnung und Liebe, das Ende der Feindschaft und des Hasses. Seine Auferstehung ist die persongewordene Wahrheit des Satzes: Die Liebe ist stärker als der Tod. *(SD 46)*

KOMMUNION BEDEUTET, dass die scheinbar unübersteigliche Grenze meines Ich aufgerissen wird und aufgerissen werden kann, weil zuerst Jesus sich selbst ganz hat auftun lassen, uns alle in sich hineingenommen und sich uns ganz übergeben hat. Kommunion bedeutet also Verschmelzung der Existenzen … *(GG 33)*

LIEBE MUSS FURCHTLOS SEIN: Vielleicht hatten der Priester und der Levit … nur Angst, ihnen könne das Gleiche geschehen, und darum liefen sie so schnell wie möglich am unheimlichen Ort vorbei. Das Gleichnis [vom barmherzigen Samariter] belehrt uns, dass nicht die großen Theorien die Welt retten, sondern der Mut zum Nahen, die Demut, die der Stimme des Herzens folgt, die Gottes Stimme ist. *(ACS 127)*

Man versteht den Menschen nicht, wenn man nur danach fragt, woher er kommt. Man versteht ihn erst, wenn man auch fragt, wohin er gehen kann. Erst von seiner Höhe her erhellt sich sein Wesen wirklich. Und nur wenn diese Höhe wahrgenommen wird, erwächst eine unbedingte Ehrfurcht vor dem Menschen, die ihn auch in seinen Erniedrigungen noch heilighält; nur von dorther kann man das Menschsein in sich und in den anderen wirklich lieben lernen. *(BH 70)*

Nichts ist umsonst. Im Verborgenen lebt die Welt davon, dass noch immer geglaubt wird in ihr, gehofft und geliebt. *(DEF 17)*

Paulus hat nicht durch brillante Rhetorik und durch raffinierte Strategien gewirkt, sondern dadurch, dass er sich selbst einsetzte und aussetzte für seine Botschaft. *(BH 35)*

VORSITZ IM GLAUBEN muss Vorsitz in der Liebe sein, beides ist gar nicht voneinander zu trennen. Ein Glaube ohne Liebe wäre nicht mehr der Glaube Jesu Christi. *(BH 40f.)*

WEIL LIEBE WIRKLICH IST und weil sie Macht ist, darum hat Gott Macht in der Welt. Oder vielmehr umgekehrt: Weil Gott der Allmächtige ist, darum ist die Liebe Macht – die Macht, auf die wir setzen. *(NLH 54)*

WER CHRISTUS VON INNEN entdeckt hat, ihn aus erster Hand kennt, der entdeckt, dass erst diese Beziehung allem anderen Sinn gibt und auch das Schwere schön macht. *(GG 126)*

WER LIEBT, will kennen. Daher äußert sich wirkliche Christusliebe auch in dem Willen, ihn immer besser zu kennen und alles zu kennen, was zu ihm gehört. *(GG 127)*

HOFFNUNG

Kraft, die leben lässt

DAS KREUZZEICHEN ist ein Glaubensbekenntnis: Ich glaube an den, der für mich gelitten hat und der auferstanden ist; an den, der das Zeichen der Schande in ein Zeichen der Hoffnung und der uns gegenwärtigen Liebe Gottes umgewandelt hat. Das Glaubensbekenntnis ist ein Hoffnungsbekenntnis: Ich glaube an den, der in seiner Schwachheit der Allmächtige ist; an den, der gerade in der scheinbaren Abwesenheit und in der scheinbaren Ohnmacht mich retten kann und retten wird. *(GL 152 f.)*

DAS LEBEN REICHT WEITER als unsere biologische Existenz. Wo es nichts mehr gibt, wofür zu sterben sich lohnt, da lohnt sich auch das Leben nicht mehr. Wo der Glaube uns den

Matthias Grünewald (1470/80–1528): Der Auferstandene
Isenheimer Altar, Colmar, Unterlinden-Museum

Blick geöffnet und das Herz weit gemacht hat, da erhält auch dies Wort des heiligen Paulus seine volle Leuchtkraft: „Niemand von uns lebt sich selber und niemand stirbt sich selber. Leben wir, so leben wir dem Herrn; sterben wir, so sterben wir dem Herrn; ob wir leben oder sterben, wir sind des Herrn" (Röm 14,8). *(GG 149f.)*

Das Licht Jesu reflektiert sich in den Heiligen und strahlt von ihnen wider. „Heilige" aber sind nicht nur die namentlich kanonisierten Personen. Immer leben verborgene Heilige, die in der Gemeinschaft mit Jesus einen Strahl von seinem Glanz empfangen, konkrete und reale Erfahrung Gottes. *(ACS 38)*

Der ganze Sinngehalt des jüdischen Pascha ist im christlichen Ostern vergegenwärtigt. Dabei geht es nicht um Erinnerung eines an sich vergangenen und unwiederholbaren Ereignisses, sondern … das Einmal wird zum Immer: Der Auferstandene lebt und gibt Leben, lebt und wirkt Gemeinschaft, lebt und öffnet Zukunft, lebt und zeigt den Weg. *(GL 89)*

DER SONNTAG ist für den Christen das eigentliche Maß der Zeit, das Zeitmaß seines Lebens. Er beruht nicht auf einer beliebig austauschbaren Konvention, sondern trägt eine einzigartige Synthese von geschichtlicher Erinnerung, von Schöpfungsgedenken und von Theologie der Hoffnung in sich. Er ist das wöchentlich wiederkehrende Auferstehungsfest der Christen, aber er macht damit doch das spezifische Gedenken an das Pascha Jesu nicht überflüssig. *(GL 85)*

DIE BOTSCHAFT JESU antwortet auf eine innere Erwartung unseres Herzens; sie entspricht einem inneren Licht unseres Seins, das sich nach der Wahrheit Gottes ausstreckt. *(ACS 40)*

DIE HEILIGEN … übersetzen das Göttliche ins Menschliche, das Ewige in die Zeit; sie sind uns die Lehrer des Menschseins, die uns auch im Schmerz und in der Einsamkeit nicht verlassen, ja, auch in der Stunde des Todes mit uns gehen. *(GG 148f.)*

Die Menschheit hat nie aufhören können, auf bessere Zeiten zu hoffen; die Christenheit hofft darauf, dass durch die ganze Geschichte der Herr hindurchgeht und dass er einmal all unsere Tränen und Mühsale aufsammeln wird, so dass alles seine Erklärung und seine Erfüllung findet in seinem Reich. *(LL 17)*

Diese Liebe, die mich will, ist nicht gleichgültiges Gewährenlassen; sie stellt mich unter das Maß der Wahrheit, vor dem ich versagen kann. Aber dieser Ernst, der mich anfordert, mir schwer wird, ist mir doch nur noch einmal Gewissheit, dass ich nicht belangloses Evolutionsmaterial bin, sondern gebraucht und geliebt werde. *(VU 75)*

Durch Beten müssen wir freier werden; uns weniger wichtig und ihn wichtiger nehmen, und so zum Eigentlichen des Betens finden: Gott um das Heil der Welt zu bitten – auch heute. Auch heute müssen wir ihm zutrauen, dass er – und er allein – imstande ist, in dieser Stunde der Welt Heil zu geben. *(DEF 39)*

Ein schönes Gleichnis der Hoffnung habe ich in den Adventspredigten des heiligen Bonaventura gefunden. Der seraphische Lehrer sagt da zu seinen Hörern, die Bewegung der Hoffnung gleiche dem Flug des Vogels, der, um zu fliegen, seine Flügel so weit wie möglich ausspannt und alle seine Kräfte für das Bewegen der Flügel verwendet, gleichsam sich selber ganz zur Bewegung macht und damit Höhe erreicht – eben fliegt. Hoffnung ist Fliegen, sagt Bonaventura: Hoffnung erfordert von uns einen radikalen Einsatz; sie verlangt von uns, dass all unsere Glieder Bewegung werden, um abzuheben von der Schwerkraft der Erde, um aufzusteigen zur wahren Höhe unseres Seins, zu den Verheißungen Gottes. *(ACS 75)*

Ein verzweifelter Mensch betet nicht mehr, weil er nicht mehr hofft; ein seiner selbst und seiner Macht sicherer Mensch betet nicht, weil er sich nur auf sich selber verlässt. Wer betet, hofft auf eine Güte und eine Macht, die über sein eigenes Vermögen hinausgehen. Gebet ist Hoffnung im Vollzug. *(ACS 77f.)*

Friedhof als Ort der Hoffnung: Das ist christlich. Das ist angewandter Glaube der Märtyrer, angewandter Auferstehungsglaube. Aber wir müssen hinzufügen: Die Hoffnung hebt die Trauer nicht einfach auf. Der Glaube ist menschlich, und er ist ehrlich. Er gibt uns einen neuen Horizont, den großen und tröstenden Blick ins Weite des ewigen Lebens. Aber er lässt uns zugleich an dem Ort stehen, an dem wir sind. Wir brauchen die Trauer nicht zu verdrängen, wir nehmen sie an, und durch den Blick ins Weite verwandelt sie sich langsam und reinigt so auch uns selber, macht uns sehender für das Heute und für das Morgen. *(BH 112)*

Gott ist nie besiegt, und seine Verheißungen kommen in menschlichen Niederlagen nicht zu Fall, ja, sie werden größer, wie die Liebe wächst in dem Maß, in dem der Geliebte ihrer bedürftig wird. *(ACS 62)*

Im Menschen lebt unauslöschlich die Sehnsucht nach dem Unendlichen. Keine der versuchten Antworten genügt; nur der Gott, der selbst endlich wurde, um unsere Endlichkeit aufzureißen und in die Weite seiner Unendlichkeit zu führen, entspricht der Frage unseres Seins. Deswegen wird auch heute der christliche Glaube wieder den Menschen finden. Unsere Aufgabe ist es, ihm mit demütigem Mut, mit der ganzen Kraft unseres Herzens und unseres Verstandes zu dienen. *(GWT 111)*

In dem Evangelium der Osternacht wird uns gesagt, dass die Frauen nach der Begegnung mit den Engeln vor Furcht und Freude zugleich anfingen zu laufen, um die Botschaft weiterzugeben. Christentum ist nicht eine

Sache der Langeweile und des Zweitrangigen. Wer von dieser Botschaft getroffen ist, der muss laufen, der wird bewegt von ihr, weil es wichtig ist, dass sie weiterdringt, ehe es zu spät ist. *(SD 46f.)*

Jesus Christus … hat von Gott erzählt; er konnte es, weil er ihn gesehen hat, ihn immerfort sieht. Von ihm her kommt eine Spur des Lichts in mein Leben hinein, die mir den Weg zeigt, mir Hoffnung und Vertrauen auch im Dunkel gibt. *(VU 76)*

Kreuz und Auferstehung setzen die Inkarnation voraus. Nur weil wirklich der Sohn und in ihm Gott selbst „herabgestiegen ist" und „Fleisch angenommen hat aus Maria der Jungfrau", sind Tod und Auferstehung Jesu Ereignisse, die uns allen gleichzeitig sind und die uns alle berühren, uns aus der vom Tod gezeichneten Vergangenheit herausreißen und Gegenwart und Zukunft eröffnen. *(GL 92)*

LETZTE WERDEN ERSTE SEIN. Die Maßstäbe der Menschen werden umgekehrt bei Gott. Was schwach ist, das hat Gott erwählt. *(LW 9)*

NUR WER IM TOD Hoffnung erkennen kann, kann auch das Leben aus Hoffnung führen. *(BH 117)*

„REICH GOTTES“ bedeutet im Munde Jesu nicht irgendeine Sache oder einen Ort, sondern das gegenwärtige Handeln Gottes. Deswegen darf man das programmatische Wort von Mk 1,15: „Das Reich Gottes ist nahe gekommen“, geradezu übersetzen: Gott ist nahe. Von da ergibt sich wieder der Zusammenhang mit Jesus, mit seiner Person: Er selbst ist die Nähe Gottes. Wo er ist, ist das Reich. *(GG 20)*

SCHON AM TAG nach der Exodusfreude mussten die Israeliten erkennen, dass sie nun der Wüste und ihren Schrecknissen ausgesetzt waren, und auch der Einzug ins gelobte Land hatte den Bedrohungen kein Ende gesetzt. Aber es gab auch die immer neuen Machttaten Gottes, die dann wirklich das Moselied neu singen ließen und zeigten, dass Gott nicht ein Gott der Vergangenheit, sondern der Gegenwart und der Zukunft ist. *(GL 118)*

Wahrheit und Liebe sind mit der Macht Gottes identisch, denn er hat nicht nur Wahrheit und Liebe, er ist beides. Wahrheit und Liebe sind also die eigentliche, die endgültige Macht in der Welt. Darauf beruht die Hoffnung der Kirche, und darauf beruht die Hoffnung der Christen. Oder sagen wir besser: Darum ist christliche Existenz Hoffnung. *(NLH 67)*

Wenn der andere nicht wirkt, ist unser Wirken immer zu wenig. Wo aber die Menschen spüren, dass da einer ist, der glaubt, der mit Gott und von Gott her lebt, da wird daraus auch für sie Hoffnung. *(NLH 68)*

Wenn wir unser Leben so bauen, dass es vor den Augen Gottes bestehen kann, dann wird es auch für die anderen einen Schimmer von Gottes Güte sichtbar machen. *(ACS 122)*

Ich bitte euch um Nachsicht, wenn ich Fehler mache wie jeder Mensch oder wenn manches unverständlich bleibt, was der Papst von seinem Gewissen und vom Gewissen der Kirche her sagen und tun muss. Ich bitte euch um euer Vertrauen. Halten wir zusammen, dann finden wir den rechten Weg. Und bitten wir Maria, die Mutter des Herrn, dass sie uns ihre frauliche und mütterliche Güte spüren lässt, in der uns erst die ganze Tiefe des Geheimnisses Christi aufgehen kann. Der Herr segne euch alle!

Benedictus PP XVI

(Aus der Ansprache Benedikts XVI. an deutschsprachige Pilger am 25. April 2005)

TEXTQUELLENNACHWEIS

Die Kürzel (mit der Seitenzahl) verweisen auf jene im Verlag Herder erschienenen Werke Joseph Ratzingers, nunmehr Papst Benedikt XVI., denen die Texte dieser Sammlung entnommen sind:

ACS
Auf Christus schauen. Einübung in Glaube, Hoffnung, Liebe, Neuausgabe 2006
(ISBN-10: 3-451-29091-X / ISBN-13: 978-3-451-29091-6)

BH
Bilder der Hoffnung. Wanderungen im Kirchenjahr, 1997; enthalten in: *Gottes Glanz in unserer Zeit.* Meditationen zum Kirchenjahr, 2005
(ISBN-10: 3-451-28873-7 / ISBN-13: 978-3-451-28873-9)

DEF
Diener eurer Freude. Meditationen über priesterliche Spiritualität, Neuausgabe 2006
(ISBN-10: 3-451-28921-0 / ISBN-13: 978-3-451-28921-7)

GG
Zur Gemeinschaft gerufen. Kirche heute verstehen, aktualisierte Neuausgabe 2005
(ISBN-10: 3-451-28828-1 / ISBN-13: 978-3-451-28828-9)

GL
Der Geist der Liturgie. Eine Einführung, Sonderausgabe 2006
(ISBN-10: 3-451-29063-4 / ISBN-13: 978-3-451-29063-3)

GWT
Glaube – Wahrheit – Toleranz. Das Christentum und die Weltreligionen, 4. Aufl. 2005
(ISBN-10: 3-451-28110-4 / ISBN-13: 978-3-451-28110-5)

KL
Mit der Kirche leben (mit Karl Lehmann), 1977

LL
Licht, das uns leuchtet. Besinnung zu Advent und Weihnachten, 1978; enthalten in: *Der Segen der Weihnacht.* Meditationen, 2005 (ISBN-10: 3-451-28872-9 / ISBN-13: 978-3-451-28872-2)

LW
Lob der Weihnacht (mit Heinrich Schlier), 1982; enthalten in: *Der Segen der Weihnacht.* Meditationen, 2005 (ISBN-10: 3-451-28872-9 / ISBN-13: 978-3-451-28872-2)

NLH
Ein neues Lied für den Herrn. Christusglaube und Liturgie in der Gegenwart, 1995; Neuausgabe in Vorbereitung für Januar 2007 (ISBN 978-3-451-29092-3)

SD
Suchen, was droben ist. Meditationen das Jahr hindurch, 1985; enthalten in: *Gottes Glanz in unserer Zeit.* Meditationen zum Kirchenjahr, 2005
(ISBN-10: 3-451-28873-7 / ISBN-13: 978-3-451-28873-9)

VU
Das „Vater unser" sagen dürfen, in: Sich auf Gott verlassen, hrsg. von Rudolf Walter, Neuausgabe 1987, 71–76

WZU
Werte in Zeiten des Umbruchs. Die Herausforderungen der Zukunft bestehen, 2005 (Taschenbuch: ISBN-10: 3-451-05592-9 / ISBN-13: 978-3-451-05592-8; Festeinband: ISBN-10: 3-451-28870-2 / ISBN-13: 978-3-451-28870-8)

ZF
Das Zeichen der Frau. Versuch einer Hinführung zur Enzyklika „Redemptoris Mater", in: Maria – Gottes Ja zum Menschen. Johannes Paul II: Enzyklika „Mutter des Erlösers", 3. Aufl. 1987, 105–128

Diesen Band gibt es auch als Hörbuch.

Wer glaubt, ist nie allein
Worte der Ermutigung

Ungekürzte Lesung auf 2 CD, ca. 122 Minuten
Sprecher: Edgar M. Böhlke

ISBN-13: 978-3-451-31512-1
ISBN-10: 3-451-31512-2

HERDER / *steinbach sprechende bücher*

2. Auflage 2006

Umschlaggestaltung: Finken & Bumiller
Innengestaltung: Weiß – Graphik & Buchgestaltung
Umschlagfoto: KNA-Bild, Bonn
Abbildungen innen: Bildarchiv Herder
Druck und Bindung: fgb · freiburger graphische betriebe
www.fgb.de

Gedruckt auf umweltfreundlichem, chlorfrei gebleichtem
Papier
Printed in Germany

ISBN-13: 978-3-451-28871-5
ISBN-10: 3-451-28871-0